Vorwort

Liebe Leserinnen und Leser,

vom echten Wohlstand träumt jeder. Für die meisten jedoch bleibt er ein Traum. Denn: Abgesehen von Glücksfällen wie großen Lotteriegewinnen oder üppigen Erbschaften (hoffentlich ohne Schwarzgeld) muss ein Vermögen hart erarbeitet werden.

Auch die Aktienmärkte sind, das zeigen die zurückliegenden Jahre, keine Einbahnstraße zum Erfolg. Im Gegenteil: Noch nie in der Nachkriegsgeschichte Deutschlands, so hieß es bis vor kurzem, sei so viel Geld vernichtet worden wie von Anfang 2001 bis Frühjahr 2003.

Dass es noch schlimmer kommen könnte, hatte kaum jemand erwartet. Exakt das geschah jedoch 2008, im Jahr gigantischer Börsenverluste. Mehr noch: Nur durch Staatsgarantien (also auf dem Rücken der Steuerzahler) wurde der Kollaps der Finanzmärkte verhindert.

Vorsicht Banken!

Schuld daran hatten in beiden Fällen die raffgierigen Manager der Banken. Diese brachten bis zum Platzen der ersten Blase immer mehr Unternehmen an die Börse, um sich als bisherige Hauptkreditgeber zu entlasten. Anschließend wurden durch ständige Kaufempfehlungen die Aktienkurse teils fragwürdiger Unternehmen in immer neue Höhen getrieben und an den Provisionen verdient. Die Börsengänge brachten den Banken noch mehr Geld in die Kasse.

Die jüngste Krise wurde durch die dramatische Entwicklung am US-Immobilienmarkt ausgelöst. Dort hatte sich ebenfalls eine gigantische Blase herausgebildet. Häuser waren zu reinen Spekulationsobjekten geworden. Jeder ging davon aus, einen Käufer zu finden, der morgen mehr als den eigenen Kaufpreis zahlen würde. Der scheinbare Wertzuwachs der Immobilien wurde verkonsumiert.

Die Banken gewährten immer höhere Schulden, bis diese Seifenblase platzte. Die daraus resultierenden faulen Kredite wurden wie ein Kettenbrief quer durch die Welt gereicht. Verbriefungen waren nichts mehr wert. Das schlug bei den Banken auf die Bilanzen durch. Weitere Folge: Kreditkündigungen zwangen zu Notverkäufen von Wertpapieren. Alles, was liquide war, wurde verschleudert. Der Wertverfall an den Börsen griff dann mit voller Wucht auf die Realwirtschaft über.

So werden Sie ausgenutzt

Die Aussicht auf schnelle Gewinne vor Augen, noch verstärkt durch die von Banken geschürte Börsen-Euphorie, haben in Wertpapiergeschäften unerfahrene Anleger den Banken vertraut und in Extremfällen bis zu 90 % ihres Einsatzes verloren. Bei der Börsenkrise 2008 dürften die Verluste im Schnitt bei etwa 50 % gelegen haben.

Viele Freiberufler und Selbstständige haben so große Teile ihrer Altersvorsorge in den Sand gesetzt. Besonders wagemutige Naturen haben Wertpapiere sogar auf Pump gekauft und sind heute hoffnungslos verschuldet. Zu viel Gier erweist sich immer als verhängnisvoll.

Das Dilemma, warum bei Anlagen so viel schief läuft, fängt bei uns bereits in der Schule an. Niemand informiert die jungen Leute über wichtige wirtschaftliche Zusammenhänge. Wer in das Berufsleben eintritt, ist selbst nach einem Universitätsabschluss in Geldanlagen meist ein Laie. Mangelndes Wissen sollten Sie sich nicht leisten. Denn:

Damit ist jeder ein potenzielles Opfer für Falschberatungen, schon weil er die Zusammenhänge nicht versteht. Das rächt sich besonders bei den Berufsgruppen, die sich selbst um eine ausreichende Altersversorgung kümmern müssen. Jeder Fehler kann hier verheerende Folgen haben. Dazu gleich drei Beispiele, über die ich im *Deutschen Wirtschaftsbrief* berichtet habe.

Fälle aus der Praxis

Besonders dramatisch ist der Fall eines Rentnerehepaares, dem die damalige Zweigstellenleiterin einer süddeutschen Raiffeisenbank zu Aktienanleihen von SAP riet, und zwar im März 2000, als der Kursrutsch der SAP-Aktien schon eingesetzt hatte. Statt die Anleihe zu tilgen, erhielten die Rentner SAP-Aktien von der Bank. Trotz anhaltender Talfahrt wurde ihnen geraten, die Aktien zu halten. Als sie entnervt verkauften, waren 75 % ihrer Altersvorsorge unwiderruflich verloren. Unglaublich, aber wahr: Die verhängnisvolle erste „Anlageberatung“ hatte gerade einmal fünf Minuten gedauert, teilte mir der eingeschaltete Rechtsanwalt mit.

Dem Landgericht Ingolstadt genügte, dass die Rentner den Kaufauftrag unterschrieben hatten. Sie seien zu gierig nach Gewinnen gewesen, urteilte das Gericht. Es wies die Klage auf Schadenersatz zurück (Az. 4 O 1744/03). Für eine Berufung, die zweifellos Erfolg gehabt hätte, fehlte den Rentnern das Geld.

Wohin es führen kann, wenn gutgläubige Anleger einem schlechten Berater blind vertrauen, zeigt auch dieser Fall: Eine Familie mit fünf Kindern war an einen Mitarbeiter einer Finanzdienstleistungs-AG aus Heilbronn geraten. Am Anfang stand ein Ansparplan für das jüngste Kind. Bestehende sichere Lebensversicherungen wurden gekündigt. Und zwar auf Empfehlung des Beraters. Dann schwatzte er den Eltern eine Eigentumswohnung auf.

Zur Wohnungsfinanzierung verkaufte der Berater Beteiligungen an einem hoch riskanten Medienfonds. Dazu kamen ein Vermögensverwaltungs-Depot, ein Kapitalaufbauplan sowie einer der Drei-Länder-Fonds. Das ergab so in nur einem Jahr gleich fünf Falschberatungen, die die Existenz der Familie gefährdeten. Eine solche Häufung ist zwar extrem – Falschberatungen dieser Art passieren in Deutschland aber jeden Tag.

Das Landgericht Heilbronn hat nicht lange gefackelt und die AG zu Schadenersatz verurteilt (Az. 6 O 565/04). Sie muss über 108.000 € zahlen und das Ehepaar von Verbindlichkeiten in Höhe von 151.000 € freistellen. Der Berater hatte die nur prognostizierten Renditen der Geldanlagen als gesicherte Einnahmen dargestellt. Sie wurden bei der Finanzierung der unrentablen Eigentumswohnung einfach eingerechnet.

2008 zitterten Anleger selbst um ihre Spareinlagen. Sämtliche Aufsichtsbehörden und Kontrollmechanismen hatten versagt. Zudem hatten Banken die Anleger verstärkt in Zertifikate getrieben. Diese werden jedoch wertlos, wenn der Emittent in Konkurs geht. Erst die Lehman-Pleite in den USA verdeutlichte vielen Privatinvestoren, wie riskant Zertifikate tatsächlich sind. Banken hatten die Risiken verharmlost oder sogar ganz verschwiegen. Dazu dieser Fall, den mir ein Anwalt aus Hannover so schilderte:

„Im Fahrstuhl auf dem Weg zu meiner Kanzlei erhielt ich auf dem Handy einen Anruf von meiner Bank. Das Zertifikat, so hieß es, müsse in fünf Minuten gezeichnet werden, da dann die Schlusszeichnung ablaufe. Der Bankberater schlug vor, einen fällig gewordenen Festgeldbetrag in Höhe von 35.000 € zu investieren. Dem habe ich jedoch widersprochen, so dass glücklicherweise nur eine Summe von 20.000 € angelegt wurde."

Der Leser rügt, unter Zeitdruck sowie durch falsche Angaben zu diesem Kauf überredet worden zu sein. Auf Risiken wurde er nicht hingewiesen. 37 Seiten Bedingungen erhielt er auf Nachfrage erst vier Monate später. Zuvor hatte er nie Zertifikate gekauft. Wie Tausende von Lehman-Opfern ist der Anwalt damit auf die Kompromissbereitschaft der Bank oder den mühseligen Klageweg angewiesen.

Schadenersatzklagen weitgehend sinnlos

Nur einige wenige Anleger können die Banken oder Vermittler letztlich erfolgreich auf Schadenersatz verklagen. Die meisten haben sich auf den Beratungsbogen der Banken als risikobewusst eintragen lassen. Manchmal erst deshalb, weil ihnen erzählt wurde, dass sonst die lukrativsten Geschäfte nicht ausgeführt werden könnten. Dann wurden die Anleger in hoch riskante eigene Fonds der Banken oder hoch komplizierte Finanzinnovationen hineingetrieben.

Die Banken kassierten so hohe Gebühren und Provisionen. Die folgenden Wertverluste aber mussten die Anleger ausbaden. Trotz fehlerhafter Beratung durch die Bank meist ohne jegliche Chance auf Schadenersatz. Was steckt dahinter? Meine Antwort:

Die Katze im Sack

Die kaufen Sie immer dann, wenn Sie sich in Vermögensfragen allein auf den Rat Dritter verlassen. Gleichgültig ob bei einer Bank, durch den Vertreter einer Versicherung, durch einen Fondsanbieter oder einen Vermögensberater. Denn: Ob die Beratung, die Sie dort bekommen, gut oder schlecht war, werden Sie immer erst im Nachhinein erfahren. Zudem:

Die wenigsten Berater haben – selbst wenn sie sich Mühe gaben – Ihre tatsächliche Risikobereitschaft bisher zutreffend beurteilt. Alle angestellten Berater müssen zwangsläufig die Interessen ihres Arbeitgebers berücksichtigen. Dieser will an Ihnen verdienen, wie auch der Berater selbst.

Unausweichlich müssen sich dadurch Interessenskonflikte ergeben. Selbst bei einer wirklich unabhängigen Gesamtberatung werden die Persönlichkeit und Risikobereitschaft des Beraters zwangsläufig auch zu Ihrem Risiko, wenn Sie alle Anlagevorschläge einfach übernehmen.

Es ist aber eine Illusion, darauf zu vertrauen, dass jemand mit Ihrem Geld so umgeht, wie Sie persönlich es tun würden. Deshalb sollten Sie daraus auch die Konsequenzen ziehen.

Sichern Sie sich ab

Treffen Sie selbst alle grundlegenden Entscheidungen über Ihr Vermögen. Beratungen sind nur dann eine wirkliche Hilfe, wenn die Risikoneigung des Beraters der Ihren weitgehend entspricht.

Dort, wo Sie Ihr Geld anderen anvertrauen, sollte in Sachen Seriosität nicht einmal ein Hauch von Unsicherheit im Raum stehen. Sie sollten klare Zielvorgaben machen und regelmäßig überprüfen können, ob diese auch umgesetzt werden.

Behalten Sie bei allem, was Ihr Vermögen betrifft, die Entscheidungsfreiheit in der eigenen Hand. Über Ihr Geld und das, was Sie damit anfangen wollen, wissen Sie schließlich selbst am besten Bescheid.

Ebenso über Ihre Risikoneigung, die sich durch äußere oder innere Einflüsse auch gelegentlich ändern kann. Sie sollten sich deshalb Ziele setzen, diese konsequent verfolgen und überprüfen. Wenn doch etwas schief läuft, sollten Sie sofort die Reißleine ziehen.

Das können Sie aber nur, wenn Sie die Anlageformen, in die Sie investieren, auch tatsächlich verstehen und die Risiken kennen. Das ist bei vielen Produkten, die die Banken auflegen, nicht der Fall. Es bedurfte erst der Pleite von Lehman Brothers, um Anlegern zu verdeutlichen, dass Zertifikate auch ein Ausfallrisiko haben, wenn der Emittent die Segel streichen muss.

Wie risikobehaftet Aktien sein können, haben alle Aktionäre zuletzt leidvoll erfahren. Viele Anleger machen sich völlig falsche Vorstellungen davon, wie sie Kursverluste ausgleichen können. Ein Kollege schilderte mir diesen Fall: Es ging hier um einen Optionsschein. Der Kurs sank von 1,00 € auf 0,20 €. Also ein Verlust von 80 %. Danach ging es jedoch zügig aufwärts: Der Optionsschein-Kurs stieg jetzt um 300 %. Ausgehend von 0,20 € führte das zu einem Kurs von 0,80 €. Konsequenz: Der Gesamtverlust betrug immer noch 20 %.

Das ist einer der Gründe, warum ich immer wieder zum Setzen von Stopp-Loss-Marken rate. Bedenken Sie: Haben Ihre Verluste 20 % erreicht, brauchen

Sie 25 % Gewinn, um zumindest wieder auf null zu kommen. Um 50 % Verlust auszugleichen, benötigen Sie schon 100 % Gewinn. Das wird oft übersehen.

Retten Sie Ihr Geld

Mit Anlagen läuft oft vieles schief. Bei Wertpapieren, die an Börsen gehandelt werden, besteht zumindest die Chance, dass sich die Kurse auch nach starken Verlusten wieder erholen.

Gehen Sie dubiosen Anbietern am grauen Kapitalmarkt auf den Leim, besteht diese Chance nicht. Wo kein Börsenhandel stattfindet, können Sie auch keine Kursverluste wettmachen. Wer Ihnen nicht-börsennotierte Kapitalanlagen als besonders sicher anpreist, erzählt Ihnen Unsinn.

Als besonders gefährlich können sich lange Laufzeiten erweisen. Das Kapital ist gebunden, vorzeitige Ausstiege kommen nicht oder nur unter erheblichen Verlusten in Betracht. So berauben Sie sich jeder Flexibilität. Kein Mensch weiß, wie die wirtschaftlichen Umstände in 10, 15 oder gar 20 Jahren aussehen.

Viele Fehler lassen sich jedoch vermeiden. Schon dadurch, dass Sie die Risiken gering halten und Ihr Geld nur in solche Anlagen investieren, die für Sie transparent sind. Und von denen Sie selbst etwas verstehen. Wo dieses Wissen fehlt, sollten Sie es sich aneignen.

Geld ist kein Tabu-Thema

Begehen Sie nicht den Fehler der meisten Deutschen, die bei Geldanlagen einsame Entscheidungen treffen. Geld gilt als ein Tabu-Thema, über das möglichst wenig gesprochen wird. In vielen Fällen wird darüber nicht einmal im engsten Familienkreis diskutiert. In wohl keiner anderen Nation gibt es eine ähnliche Geheimnistuerei.

Folgenschwere Entscheidungen aus dem Bauch heraus bergen hohe Risiken. Wo niemand kritisch hinterfragt, können sich Fehler dauerhaft verfestigen. Selbst wenn Irrtümer offensichtlich sind, gesteht sie sich niemand gern ein. Das erklärt, warum Deutschland ein Dorado für Kapitalanlagebetrug ist. Dank der Verschwiegenheitsmentalität dürfte das auch so bleiben.

Als Leser des *Deutschen Wirtschaftsbriefs* unterscheiden Sie sich von der gutgläubigen breiten Anlegermasse. Sie lassen sich fundiert informieren und erkennen Angebote, bei denen man Sie über den Tisch ziehen will. Woche für Woche lesen Sie, was wie funktioniert und wo Fallstricke lauern können.

Wenn Sie verheiratet sind, können Sie als männlicher Leser ein zusätzliches Sicherheitsventil einbauen: Beraten Sie sich mit Ihrer Frau. Frauen haben ein feineres Gespür dafür, Anlagerisiken zu erkennen. Zudem belegen Untersuchungen, dass Teams mit Frauen bessere Ergebnisse erzielen. Weitere Anregungen, Empfehlungen und Tipps zum Umgang mit Ihrem Geld finden Sie im ersten Teil dieses Buches.

Auch im zweiten Teil geht es um Ihr Geld. Dort jedoch aus einer anderen Perspektive: Wer Erfolg hat, hat auch viele Neider. Und: Wer gut verdient, muss hohe Steuern zahlen. Wo das nicht über die Lohnsteuerkarte läuft, ist jeder Finanzbeamte misstrauisch. So interessiert sich die Steuerverwaltung brennend dafür, woher freie Mittel kommen und welche Erträge sie abwerfen. Immer hat der Fiskus seine Finger – oder besser: seine Krallen – mit im Spiel.

Seit der Einführung der Zinsabschlagsteuer im Jahr 1992 und der daraus resultierenden Steuerflucht ins Ausland wurden die Fahndungsmethoden kontinuierlich ausgebaut. Regierung und Verwaltung haben durch ständig neue Gesetze und Erlasse sowie ein System von Kontrollmitteilungen ein Instrumentarium geschaffen, das es ermöglicht, immer tiefer in die Privatsphäre und damit die Vermögensverhältnisse der Bundesbürger einzudringen. Der jüngste Schachzug und vorläufige Höhepunkt der staatlichen Ausschnüffelei: Die lebenslang gültige Steueridentifikationsnummer.

Der Staat hat Ihre Finanzen voll im Griff

Politikern gelingt es immer wieder, die Bürger für dumm zu verkaufen. „Die Umstände zwingen uns zum Eingreifen“, heißt es offiziell bedauernd. „Nur so können wir das Übel wirksam an der Wurzel bekämpfen.“ Mehr noch: Das wird so lange wiederholt, bis niemand mehr Zweifel anzumelden wagt. Dann wird wie bei der angeblichen Terroristenbekämpfung gehandelt.

Es folgte ein Kontrollsystem, das sämtliche hiesigen Bankkonten erfasst. Eckdaten von 500 Millionen Konten können abgerufen werden, ohne dass Bank oder Kunde das erfahren. Betroffene können sich – wenn überhaupt – nur im Nachhinein wehren. Wer als Reisender Barmittel mit sich führt, muss mit Kontrollen rechnen. Bei Reisen in Drittstaaten sind Beträge über 10.000 € anzeigepflichtig.

Um Geldwäsche aufzuspüren, müssen Banken ihre Kunden und deren Transaktionen systematisch überwachen. Die Pflicht, Verdachtsfälle anzuzeigen, trifft auch andere Branchen – vom Juwelier bis zum Immobilienmakler. Selbst Rechtsanwälte, Steuerberater und Wirtschaftsprüfer sind in dieses Kontrollsystem einbezogen. Indes: Erfolge hat das weder im Kampf gegen den Terror noch bei der Aufdeckung von Geldwäsche gebracht.

Die Zahl der Verdachtsmeldungen ist rückläufig, gaben Bundeskriminalamt und Finanzaufsicht 2009 bekannt. Nach ihren Schätzungen beschlagnahmen die Behörden nicht einmal ein Promille der kriminellen Gelder. Schon im Oktober 2004 schrieb ich dazu: „Mit Terroristen oder Geldwäsche lässt sich das nicht rechtfertigen. Es geht vielmehr darum, die wirtschaftliche Betätigung aller Bürger lückenlos zu überwachen."

Inzwischen sind sämtliche für die Behörden interessanten Finanzdaten gespeichert und jederzeit abrufbar. Jüngste Maßnahme: Die lebenslang gültige Steueridentifikationsnummer. Der Staat kennt und registriert alles. Er hat unsere Finanzen voll unter Kontrolle. Jede künftige Regierung kann bei Bedarf darauf zurückgreifen. Alle Bürger können so bis aufs letzte Hemd durchleuchtet werden.

Die wenigen Freiräume, die noch im Ausland bestehen, werden im Kampf gegen die Steueroasen beseitigt. Es geht nicht nur um Steuerhinterziehung. Die Staaten wollen wissen, was ihre Bürger dort besitzen. Kommt es zu Selbstanzeigen und Steuernachzahlungen, ist das ein erwünschter Nebeneffekt. Achtung:

Auch die EU will nicht untätig bleiben. Sie arbeitet an Einzugsmöglichkeiten für Erträge aus Straftaten. Dazu zählt die Steuerhinterziehung. Die Staaten sollen vernetzte Vermögensabschöpfungsstellen einrichten. Vordergründig betrifft der Maßnahmenkatalog nur Bösewichte. Die Datensammelwut aber geht viel weiter. Vorgeschlagen wird eine Datenbank für Finanzinformationen inklusive eines zentralen Bankkontenregisters. Bleibt nur die – wohl vergebliche – Hoffnung, dass sich die Abschöpfungsstellen auf kriminelle Fälle beschränken.

Nichts ist mehr sicher

Wie soeben dargelegt, geht es längst nicht mehr nur darum, versteckte Zinserträge oder Schwarzgeld aufzuspüren: Jeder Bürger, der über Vermögen oder Einkunftsquellen verfügt, die sich nicht über die Lohnsteuerkarte nachweisen lassen, gilt bei Finanzbeamten als potenzieller Steuerhinterzieher. Im

Prinzip betrifft das auch jeden Vermieter oder Erben. Selbst wenn Geld aus nachweisbar versteuertem Einkommen angelegt ist, sind die Bürger vor Nachforschungen nicht sicher.

Jeden kann es treffen

Der Staat traut den Steuerzahlern nicht, die öffentlichen Kassen sind leer. Trotz Steuerentlastung sollen breite Schultern mehr tragen. Das lässt nichts Gutes ahnen. In den nächsten Jahren wird so viel vererbt werden wie noch nie zuvor. Daher wird sich der Fiskus auch für größere Erbschaften künftig noch genauer interessieren und überprüfen, ob der Verstorbene das hinterlassene Vermögen ordnungsgemäß versteuert hat.

Völlig überraschend kann so jedermann zu jeder Zeit von staatlichen Maßnahmen betroffen werden, die äußerst unerfreuliche Folgen haben können. Vor allem, wenn auch im Umfeld Nachforschungen laufen und Geschäftsfreunde, Banken, Steuerberater und nahestehende Verwandte oder auch Arbeitgeber in laufende Verfahren einbezogen werden. Selbst wenn sich später die Unschuld herausstellt, sind dadurch verursachte Schäden oft nicht wieder gutzumachen.

Einige besonders markante Fälle, die mir Anwälte und unmittelbar betroffene Leser des *Deutschen Wirtschaftsbriefs* geschildert haben, bilden die Grundlage von Teil II dieses Buches. Darin werden Sie plastisch darüber informiert, welche Verstrickungen sich aufgrund scheinbar alltäglicher Situationen plötzlich ergeben können, wie Sie sich am besten verhalten oder, noch besser, solche Situationen ganz vermeiden.

Eine erfolgreiche Lektüre wünscht Ihnen

Ihr

Dr. Erhard Liemen, Chefredakteur
Der Deutsche Wirtschaftsbrief

Inhaltsübersicht

Teil I:
Was Sie bei Ihren Investitionen berücksichtigen sollten

Teil II:
Wie der Fiskus Kapitalanlegern im In- und Ausland nachspioniert – Die geheimen Informanten-Netzwerke von Finanzverwaltung und Steuerfahndung

Anhang

Teil I

Was Sie bei Ihren Investitionen berücksichtigen sollten

1. Sorgen Sie für eine breite Vermögensstreuung

Sie sollten bei Ihrem Vermögensaufbau niemals alles auf eine Karte setzen. Eine gesunde Streuung Ihres Kapitals verringert das Risiko hoher Verluste. Ganz auszuschließen sind aber auch diese nicht, wie sich bei der Börsenkrise im Jahr 2008 gezeigt hat. Alle Wertpapierkategorien sind dabei unter die Räder gekommen. Wertsteigerungen hat es nur beim Gold gegeben. Achtbar haben sich in der Krise geschlossene Immobilienfonds geschlagen.

Noch vor einigen Jahren wurde auf eine feste Formel zur Anlagemischung verwiesen, die auf Baron Rothschild zurückgeht. Der Vorschlag lautete, das Vermögen in drei gleiche Teile aufzuteilen: Ein Drittel in Aktien, ein Drittel in Anleihen und ein Drittel in flüssige Mittel. Von solchen starren Strategien ist heute aber abzuraten.

Erfolg versprechender ist es, wenn Sie eine individuelle Vermögensaufteilung vornehmen. Diese richtet sich nach Ihrer ganz persönlichen Risikoneigung, Ihrer Anlagementalität und Ihrem individuellen Anlagehorizont. Denn es macht natürlich große Unterschiede, ob Sie Ihr Geld kurzfristig, mittelfristig für drei bis fünf Jahre oder langfristig für darüber hinausgehende Zeiträume anlegen wollen.

Für kurzfristige Anlagen eignet sich vor allem der Geldmarkt in Form von Tages- oder Festgeld. Für mittelfristige Zeiträume gehören Anleihen, Aktien und entsprechend ausgerichtete Investmentfonds zu den klassischen Anlagen. Für längerfristige Ausrichtungen kommen insbesondere Immobilien in Betracht. Unverzichtbar sollte auch ein Sicherheitssockel in Gold sein, der 5 – 10 % des Vermögens aber nicht überschreitet. Wie die Aufteilung konkret ausfällt, hängt von Ihrer konservativen oder spekulativen Ausrichtung ab.

Durch die Auswirkungen der Finanzkrise ist bei der Aufteilung wertmäßig viel durcheinander geraten. Aktien sind stark verfallen. Wurde dagegen frühzeitig in Gold investiert, sind beträchtliche Wertgewinne zu verzeichnen. Wollen Sie sich keine neuen Risiken einhandeln, gilt es, die Vermögensaufteilung solchen Entwicklungen anzupassen. Konkret heißt das: Wertpapierbestände, die gegen den allgemeinen Trend zugelegt haben, nach und nach wieder abzubauen. Die Gewinne können Sie dazu nutzen, um im Wert gefallene Produktgruppen sukzessive nachzukaufen.

2. Was Sie über Anleihen wissen sollten

Anleihen sind Schuldverschreibungen, in denen Staaten, Banken oder Industriekonzerne Zins- und Tilgungszahlungen versprechen. Die Laufzeit von Anleihen beschreibt den Zeitraum zwischen dem Tag der Ausgabe und der vollständigen Rückzahlung des Nennwerts. Man unterscheidet zwischen kurzfristigen Laufzeiten von unter zwei Jahren sowie mittel- und langfristigen Schuldverschreibungen. Als Entgelt erhält der Anleiheanleger eine Verzinsung. Meist sind es laufende Zinsausschüttungen. Erfolgt nur eine Ausschüttung am Ende der Laufzeit, handelt es sich um sogenannte Null-Kupon-Anleihen oder Zero-Bonds.

Die meisten Anleihen werden an den Börsen gehandelt. Sie unterliegen damit auch Kursschwankungen, geprägt von den erwarteten Zinsentwicklungen. So zeigt sich an der Höhe und dem Trend der kurzfristigen Zinsen – z. B. für 3-monatiges Festgeld –, ob die Notenbanken viel oder wenig Geld in die Wirtschaft pumpen. Viel Geld heißt sinkende Zinsen. Das soll die Wirtschaft stimulieren. Geschieht das zum falschen Zeitpunkt oder wird dadurch die Inflation angefacht, müssen die Notenbanken bald erneut auf die Bremse treten und wieder zu Zinserhöhungen schreiten. Wenn die Zinsen von einem hohen Niveau her zu sinken beginnen, ist das ein optimaler Zeitpunkt, stark in lang laufende Anleihen einzusteigen. Derzeit sollten Sie eher kurze Laufzeiten bevorzugen.

Anleihen notieren gewöhnlich in Form eines Prozentwerts. Dieser zeigt an, wie viel Prozent des Nennwerts (Rückzahlungskurs) beim Kauf des Papiers aktuell zu zahlen sind. Je länger die Laufzeit einer Anleihe ist, desto stärkeren Kursschwankungen ist diese ausgesetzt. Mit der Folge, dass im Fall eines vorzeitigen Verkaufs auch mit Anleihen Verluste möglich sind. Behalten Sie die Anleihen bis zum Laufzeitende, schaden Ihnen zwischenzeitliche Kursschwankungen nicht. Erwerben Sie Anleihen in Zeiten steigender Zinsen, lässt das zwar die Rendite dieser Anleihen unberührt. Nur: Sie sollten nichts verschenken. Steigen die Zinsen lange Zeit weiter, werden Ihnen neu herausgegebene Anleihen eine bessere Rendite bieten. Das wiederum bedeutet, dass alte Anleihen mit niedrigen Zinsen trotz guter Qualität im Kurs sinken. Was bei einem vorzeitigen Verkauf für Sie nachteilig wäre.

Anleihen minderer Qualität fallen im Kurs noch tiefer. Besonders gefährdet sind die Anleihen von Unternehmen oder wirtschaftsschwachen Staaten. Liegt in diesen Fällen bereits eine Überschuldung vor, führt der Zinsanstieg schnell zu Schwierigkeiten. Schulden können nicht mehr bedient werden. Im schlimmsten Fall droht der Bankrott. So gehen Sie bei der Auswahl der Papiere am sinnvollsten vor:

Schauen Sie zunächst auf den Zinskupon

Bei der Auswahl einer Anleihe werden Sie zunächst fast immer auf die versprochenen Zinsen, den sogenannten Zinskupon, schauen. Die Zinsen orientieren sich stets an dem Niveau, das der Kapitalmarkt vorgibt: In Hochzinsphasen sind sie höher, in Niedrigzinsphasen – wie derzeit immer noch – fallen sie dagegen meist weniger großzügig aus. Neben dem Niveau am Kapitalmarkt spielt aber auch die Zahlungsfähigkeit (Bonität) des Emittenten eine Rolle. Als Faustregel gilt: Je höher das Risiko eines Zahlungsausfalls, desto höher der Zinskupon.

Beachten Sie zudem den aktuellen Kurs der Anleihe

Wie andere Wertpapiere schwanken auch Anleihen im Kurs. Der Kurs einer Anleihe wird stets in Prozent ausgedrückt (100 % = Nominalwert). Er richtet sich nach Angebot und Nachfrage. Die Nachfrage – und damit der Kurs – steigt also, wenn eine Anleihe mehr Rendite abwirft als eine andere Geldanlage mit vergleichbarem Risiko. Üblicherweise schwanken Anleihekurse längst nicht so stark wie Aktienkurse. Kursausschläge nach unten gibt es vor allem dann, wenn bekannt wird, dass der Emittent in Zahlungsnöte geraten ist oder geraten könnte. Im Zuge der US-Hypothekenkrise wurden aber viele sichere Anleihen zu Unrecht in Sippenhaft genommen – mit dem Ergebnis, dass sie derzeit unter dem Nominalwert (also beispielsweise bei 98 %) notieren. Bei Anleihen, die Sie bis zum Fälligkeitstermin halten, kann Ihnen der Kurs egal sein: Zurückgezahlt wird immer der Nominalwert (= 100 %), und darauf bezieht sich auch der Zinskupon.

Ein steuergünstiges Anleihe-Schnäppchen machen Sie, wenn Sie eine Anleihe unter dem Nominalwert kaufen: Sie erhalten mehr Zinsen, als der Zinskupon es ausdrückt, denn dieser bezieht sich ja auf den Nominalwert und nicht auf den aktuellen Kurs, zu dem Sie die Anleihe kaufen.

Beispiel:
Sie kaufen eine Anleihe mit Zinskupon 6 % zum Kurs von 98 %. Dann erhalten Sie, bezogen auf den wahren Kurs und damit auf Ihren Kapitaleinsatz, bis zur Fälligkeit in jedem Jahr eigentlich 6,12 % Zinsen, also etwas mehr. Dazu kommt: Am Schluss werden 100 % ausgeschüttet; Sie bekommen also zusätzlich noch etwa 2 % Rendite als Kursgewinn geschenkt.

Kaufen Sie nie eine Anleihe, ohne das Rating zu beachten

Eine Anleihe ist nur so gut wie ihr Emittent. Ob Unternehmens- oder Staatsanleihen: Schauen Sie stets auf die Zahlungsfähigkeit des Emittenten. Denn wenn dieser die Anleihe nicht mehr bedienen kann, nützt Ihnen auch der höchste Zinskupon nichts: Ihr Geld ist dann unwiederbringlich verloren. Daher sollten Sie stets vorher einen Blick auf das Rating werfen und niemals eine Anleihe ohne Rating kaufen. Die beiden wichtigsten, international renommierten Rating-Agenturen sind Moody's sowie Standard & Poor's (S&P). Ein AAA-Rating zeigt erstklassige Zahlungssicherheit an, ab B wird es schon sehr kritisch.

Studieren Sie den Emissionsprospekt auf Sonderbedingungen

Bei manchen Anleihen gibt es Sonderbedingungen, die aus dem Emissionsprospekt hervorgehen. Die beiden wichtigsten sind:

- **Vorzeitiges Kündigungsrecht.** Dann steht es dem Emittenten frei, die Anleihe vor dem eigentlichen Tag der Fälligkeit zu einem bestimmten Termin zurückzuzahlen. Üblich ist in solchen Fällen allerdings meist eine Rückzahlung über dem Nominalwert (beispielsweise zu 102,5 %), um den Anleger für die Zinsausschüttungen zu entschädigen, die ihm bei vorzeitiger Rückzahlung entgehen.

- **Variable Verzinsung,** die sich während der Laufzeit ändern kann: Auch unter den Unternehmensanleihen gibt es Papiere, deren Verzinsung von bestimmten Bedingungen abhängt, etwa vom Rating (höhere Zinsen bei Herabstufung), vom Verschuldungsgrad (je geringer die Eigenkapitalquote, desto höher die Zinsen) oder von der Eigentümerstruktur (höhere Zinszahlung bei grundlegenden Änderungen).

Legen Sie stets Wert auf hohe Liquidität (große Börsenumsätze) einer Anleihe

Kaufen sollten Sie nur Anleihen, die liquide sind, also einen hohen Börsenumsatz aufweisen. Zwar können Sie theoretisch bis zur Fälligkeit warten, um Ihr Geld am Ende zurückzubekommen. Aber auf diese Weise sichern Sie sich ab, falls sich das Ausfallrisiko deutlich erhöht. Berücksichtigen Sie nur solche Anleihen, die täglich in großer Stückzahl an der Börse gehandelt werden. Die Börsenumsätze (und alle relevanten Informationen zu einer Anleihe) veröffentlicht beispielsweise die Börse Stuttgart auf ihrer Internet-Seite www.euwax.de.

Zum Kauf von Anleihen

Statt einer Stückzahl geben Sie beim Anleihenkauf lediglich den Nominalbetrag an, also den Betrag, den Sie in die betreffende Anleihe investieren wollen (das gilt auch bei Online-Brokern, bei denen das betreffende Feld „Stückzahl" oder „Anzahl" lautet). Aber aufgepasst: Oft gibt der Emittent einen Mindestanlagebetrag und eine bestimmte Stückelung vor.

Wer Anleihen kauft, muss Stückzinsen entrichten, wer Anleihen verkauft, erhält sie. Stückzinsen sind Zinszahlungen im Voraus, die der Anleihenkäufer zeitanteilig an den Vorbesitzer einer Anleihe entrichtet. In der Regel ist bei Anleihen die Börse Stuttgart der Handelsplatz Ihrer Wahl. Er bietet traditionell eine hohe Liquidität und attraktive Kaufbedingungen.

3. Tipps zum Kauf von Zertifikaten

Nach den schlechten Erfahrungen mit Aktien sind die Banken auf dem Gebiet der Zertifikate besonders aktiv. Zertifikate sind Wertpapiere, die Anlegern die Möglichkeit bieten, sich an den Wertentwicklungen von Indizes zu beteiligen. Bekannte Indizes dieser Art sind der DAX oder der EuroStoxx. Die Kursentwicklung der Zertifikate hängt davon ab, wie sich der zu Grunde gelegte Index entwickelt.

Rechtlich gesehen handelt es sich bei Zertifikaten um Schuldverschreibungen. Bonitätsmäßig sind die Papiere so gut wie die sie begebende Bank. Diese verpflichtet sich, bei Fälligkeit der Papiere den Betrag zu zahlen, der dem Index-Stand entspricht. Da sich Zertifikate parallel zum Index entwickeln, partizipieren Sie im Verhältnis 1:1. Es kann aber auch zum Totalausfall kommen, wie das Beispiel Lehman Brothers gezeigt hat.

Da alle im Index enthaltenen Aktien abgebildet werden, vermeiden Sie so das Risiko einzelner Aktien. Fällt der Index, verliert auch ein Zertifikat. Index-Zertifikate können also durchaus ein Depot als Beimischung ergänzen, wenn der Emittent erstklassig ist.

Neben diesen Index-Zertifikaten werden auch sogenannte Basket-Zertifikate angeboten, mit denen Anleger sich zumeist an verschiedenen Aktien beteiligen. Ausgewählt werden diese Aktien von der emittierenden Bank. Meist sind die Werte nach bestimmten Branchen sortiert.

Besonders beliebt ist derzeit der Verkauf von Zinszertifikaten. Üblicherweise verbunden mit einer Kapitalgarantie zum Ende der Laufzeit. Über die Laufzeit hinaus wird meist eine Mindestverzinsung gewährt. Aber Achtung: Wie viel Zinsen Sie tatsächlich bekommen, bleibt eine offene Frage. Das hängt allein von der Kursentwicklung der festgelegten Basiswerte ab. Das können beispielsweise Aktien, Aktienfonds oder auch Börsenindizes sein.

Schon deshalb eignen sich diese Papiere meiner Meinung nach nur als Beimischung zu einem Depot. Als Anleger haben Sie damit zumindest die Chance, eine höhere Rendite zu erzielen als mit Staatsanleihen. Wenn Sie sich für ein Zinszertifikat entscheiden, sollte die Festschreibung eines einmal erreichten Zinsniveaus selbstverständlich sein. Das heißt: Wurden beispielsweise im ersten Jahr 4 % erzielt, sollte dieses Niveau in den Folgejahren nicht sinken.

Auf Einzelaktien oder Fondskonstruktionen als Basiswerte sollten Sie sich besser nicht einlassen. Das erschwert Ihnen die Transparenz. Auch Ausgabeaufschläge von 4 % oder sogar 5 % sollten Sie nicht akzeptieren. Auch keine hohen Verwaltungsgebühren. Kritisch beurteile ich Mindestzinsen von nur 1 % oder 1,5 %. Geht die Wette auf höhere Zinsen nicht auf, verlieren Sie damit schon inflationsbedingt zwangsläufig Geld.

4. Hintergründe zu Aktien- und anderen Investmentfonds

Wer sein Wertpapierdepot nicht selbst überwachen und umschichten möchte, kann in Investmentfonds investieren. Mit einem Investmentfonds lassen sich Börsen und Anlagemöglichkeiten erschließen, die Ihnen als Privatanleger verschlossen sind. Zugleich können Sie börsentäglich Ihre Fondsanteile verkaufen, wenn Sie Geld benötigen. Jeden Tag wird der Anteilspreis der Fonds errechnet. Er ergibt sich aus dem Fondsvermögen abzüglich Verwaltungskosten, dividiert durch die Anzahl der ausgegebenen Fondsanteile. Die Anteilswerte werden in überregionalen Zeitungen regelmäßig im Kursteil veröffentlicht.

Aber Achtung: Beim Kauf der meisten Fonds müssen Sie einen Ausgabeaufschlag zahlen, der bis zu 5 % betragen kann. Bei Investmentfonds müssen Sie mit Wertschwankungen von +/– 50 % innerhalb von zwölf Monaten rechnen. Sie eignen sich somit nicht zum schnellen Kauf und Verkauf. Das macht nur die Vermittler reich, die dadurch Provisionen verdienen.

Erfreulicherweise besteht auch die Möglichkeit, offene Investmentfonds direkt an den Fondsbörsen kostengünstiger zu ordern. Alle Fonds, die an diesen Börsen gelistet sind, können Sie über Ihre Bank dort kaufen. Ebenso wie für Verkäufe fallen dafür zwar Börsengebühren an. Diese betragen in der Regel jedoch nur die Hälfte des jeweiligen Ausgabeaufschlags.

Können Sie beim Fondskauf keinen entsprechend hohen Rabatt auf den offiziellen Ausgabeaufschlag durchsetzen, bietet sich in vielen Fällen der Erwerb über die Fondsbörsen an. Das hat für Sie noch den weiteren Vorteil, dass Sie bei Kauf oder Verkauf Kurslimits vorgeben können. Nur wenn diese erfüllt werden, kommt der Handel der Fondsanteile zustande.

Allein in Deutschland haben Sie die Auswahl unter Tausenden von Fonds unterschiedlicher Qualität und Ausrichtung. Viele dieser Fonds sind einer Bank oder Bankengruppe zuzuordnen. Bankmitarbeiter werden deshalb meist versuchen, der Bank nahestehende Fonds zu verkaufen. Sie jedoch sollten Ihre persönliche Vermögensplanung möglichst unbeeinflusst von den Interessen einer Bank vornehmen. Daraus folgt:

Bevor Sie sich für einen Fonds entscheiden, formulieren Sie Ihre eigenen Anlageziele. Haben Sie Ihre Wahl getroffen, sollten Sie möglichst regelmäßig und langfristig investieren.

Hilfreich bei der Fondsauswahl sind Performance-Ranglisten, die regelmäßig in der Fachpresse veröffentlicht werden. Gute Ergebnisse sind zwar keine Garantie für die Zukunft. Haben Fonds aber seit Jahren die Nase vorn, unterstreicht das die Qualität des Managements.

Ob das auf Dauer so bleibt, hängt nicht nur vom Geschick des jeweiligen Managements ab. Zum einen kann das Management wechseln. Zum anderen können Fonds aber auch so erfolgreich sein, dass sie durch den stetigen Mittelzufluss ihre bisherige Flexibilität verlieren und Investitionen tätigen müssen, die weniger Erfolg versprechend scheinen. Das gilt es im Auge zu behalten. Zudem:

Werden Fonds nicht an Zweitmarktbörsen gehandelt, müssen Sie als Anleger ein Agio zahlen. Das muss dann erst einmal erwirtschaftet werden. Für Anleger ärgerlich ist auch, dass immer mehr Fonds dazu übergehen, neben den jährlichen Verwaltungsgebühren zusätzliche „Performance Fees" zu kassieren. Auch das geht zu Lasten Ihrer Rendite.

Der Erwerb von Aktien ist von der Kostenseite her günstiger. Außerdem beteiligen Sie sich so direkt an den Unternehmen, die Sie für langfristig aussichtsreich halten. Sie können jederzeit unmittelbar verfolgen, wie sich die Kurse der Unternehmen in Ihrem Depot entwickeln. Der Kursverlauf von Aktienfonds weist weniger Dynamik aus. Selbst wenn die Aktien einzelner Unternehmen, in die der Fonds investiert hat, stark steigen, verläuft die Kursentwicklung des Fonds nur moderat.

5. Was Sie zu Exchange Traded Funds (ETFs) wissen sollten

ETFs sind seit einigen Jahren auf dem Vormarsch und machen insbesondere den Investmentfonds Konkurrenz. Letztere sind aktiv gemanagt. ETFs dagegen bilden meist einen Index nach und sind deshalb deutlich preisgünstiger.

Abgebildet wird meist ein Aktien- oder Renten-Index. Das macht einen Fondsmanager fast überflüssig. Der Einkauf von Wertpapieren richtet sich streng nach dem zu Grunde liegenden Index. Üblicherweise wird die Zusammensetzung des ETF-Portfolios nur geändert, wenn sich auch im Index Verschiebungen ergeben haben. Die Gewichtung der im Index vertretenen Unternehmen wird laufend an die Gewichtung der Unternehmen im jeweiligen Index angepasst. Diese Anpassung erfolgt meist vierteljährlich.

Im Unterschied zu Index-Zertifikaten haben ETFs – wie alle börsengehandelten Fonds – ein wirkliches Fondsvermögen. Als Sondervermögen ist es im Falle der Insolvenz der Fondsgesellschaft vor dem Zugriff der Gläubiger geschützt. Das ist der entscheidende Unterschied zu Index-Zertifikaten. Sicherheit bietet Ihnen bei diesen nur das Versprechen des Emittenten, Ihnen den Index-Wert zum Fälligkeitstermin oder laufend auszuzahlen. Das nützt Ihnen aber nichts, falls der Emittent pleite gehen sollte.

ETFs haben gegenüber Index-Zertifikaten noch einen weiteren Vorteil: Sie nehmen in der Regel auch die Dividenden mit in das Fondsvermögen auf.

Wie Aktien kaufen Sie ETFs an der Börse. Sie zahlen keinen Ausgabeaufschlag, sondern nur den sogenannten Spread. Das ist der Unterschied zwischen Geld- und Briefkurs. Ebenfalls wie bei Aktien können Sie bei ETFs die Kurse stets aktuell beobachten. Bei Investmentfonds gibt die Fondsgesellschaft in der Regel nur einmal pro Handelstag die An- und Verkaufskurse für jeden ihrer Fonds bekannt. Kaufen Sie einen Index-Fonds, haben Sie die Sicherheit, dass er sich genauso entwickelt wie der zugrunde liegende Index. Wenn Sie Ihr Risiko auf verschiedene Geldanlagen streuen möchten, können Sie auch auf ETFs setzen.

6. Worauf Sie beim Kauf und Verkauf von Aktien unbedingt achten sollten

Nach dem katastrophalen Börsenjahr 2008 haben viele Anleger das Vertrauen in Aktien verloren. Wer nicht rechtzeitig ausgestiegen ist, hat große Verluste zu verzeichnen. Indes: Dass es bei Aktien zwischendurch immer wieder zu Krisen kommt, ist ganz normal. Solange die Papiere nicht verkauft werden, bleiben Wertverluste nominal. Folgen wieder gute Jahre, haben die im Depot geführten Aktien Aufwärtspotenzial. Langfristuntersuchungen haben ergeben, dass Aktien bei entsprechender Haltedauer gewinnträchtiger sind als alle anderen Wertpapiere.

Sie sollten dennoch gute Nerven haben, wenn Sie in Aktien investieren wollen. Legen Sie zudem nur den Teil Ihres Vermögens an, den Sie über mehrere Jahre nicht brauchen. Selbst wenn Sie risikofreudig sind, sollte die Aktienquote maximal 30 % betragen. Bedenken Sie weiterhin:

Je verlockender die Gewinnchancen sind, desto höher ist auch das Risiko eines Verlusts. Deshalb sollten Sie vor dem Kauf einer jeden Aktie folgende Aspekte beachten. Erst wenn Sie bei allen Punkten mit gutem Gewissen ja sagen können, ist diese Aktie auch eine Vertrauen erweckende Kapitalanlage:

„Es gibt keine todsicheren Tipps!“ Behalten Sie diese alte Regel immer im Hinterkopf, wenn Ihnen jemand eine Aktie empfiehlt. Investment-Banken, Wirtschaftszeitungen und Finanzberater neigen dazu, ihren Klienten immer neue Aktien als todsichere Anlage zu empfehlen. Anglizismen wie „akkumulieren“ oder „Outperformer“ werden dabei gern verwendet und suggerieren hohe Gewinnchancen. Bedenken Sie dabei aber immer: Auch diese „Analysten“ können nicht in die Zukunft sehen. „Todsichere“ Empfehlungen gibt es nicht. Fragen Sie sich daher immer: Kann ich persönlich dem Unternehmen vertrauen, dessen Aktien ich kaufen möchte? Verstehe ich, was das Unternehmen macht? Ist das Unternehmen in einer Branche tätig, die auch in Zukunft eine wichtige Rolle spielen wird (zum Beispiel in der Pharma- oder Chemiebranche)?

Achten Sie beim Kauf von Aktien auf den Zeitpunkt Ihres Investments. Es ist falsch zu behaupten, langfristig würde jeder Kurs steigen. Nehmen Sie sich die Zeit und betrachten Sie den historischen Verlauf der Kursentwicklung einer Aktie. Handelt es sich dabei zum Beispiel um einen „zyklischen“ Wert, dann kann Ihnen der Einstieg in Zeiten steigender Kurse leicht Verluste einbringen. Hier gilt: Auch wenn Sie von dem Unternehmen überzeugt sind –

warten Sie lieber, bis der Wert zu sinken beginnt. Denn, so eine weitere Börsenregel, auch beim Kauf braucht ein erfolgreicher Aktionär zuweilen drei Eigenschaften: „Geduld, Geduld und nochmals Geduld." Wollen Sie langfristig investieren, kaufen Sie Aktien nie auf einen Schlag. Nutzen Sie stattdessen schwache Börsenphasen, um sukzessive mit nach unten gestaffelten Limits nachzukaufen.

Behalten Sie die gesamtwirtschaftliche und die politische Situation im Auge. Entscheidend für die zukünftige Entwicklung vieler Unternehmen sind die wirtschaftlichen und politischen Bedingungen, mit denen sie zurechtkommen müssen. Welche langfristigen Pläne zur Unternehmensbesteuerung oder zur Wirtschaftsförderung haben die Parteien? Wie entwickelt sich die Europäische Union in Zukunft? Welche Ziele hat die Europäische Zentralbank? Wie entwickelt sich der Euro zum US-Dollar oder zu wichtigen asiatischen Währungen? Was wird künftig überhaupt aus dem Euro?

Diese und weitere Fragen frühzeitig beantworten zu können, ist ein wichtiger Erfolgsfaktor für Ihre rentable Kapitalanlage.

Daher analysiere ich im *Deutschen Wirtschaftsbrief* ständig die wirtschaftspolitische Situation, gebe fundierte Prognosen über die weiteren Entwicklungen ab und empfehle nur Werte, die sich auch unter zukünftigen Bedingungen voraussichtlich überdurchschnittlich entwickeln werden. Mit Erfolg:

Attestiert von der WSH Deutsche Vermögens-Controlling Düsseldorf habe ich mit den Anlageempfehlungen des *Deutschen Wirtschaftsbriefs* in den Jahren 2000 bis Ende 2009 eine Performance vor Steuern von 128,4 % erzielt. Vergleichbare Indizes haben in diesem Zeitraum nur einen Wertzuwachs von 46,0 % aufzuweisen.

Das ist beim Aktienverkauf zu bedenken

Jede Aktie steht und fällt in „normalen" Börsenzeiten mit der wirtschaftlichen Ertragskraft des Unternehmens. Der Aktienkurs kann somit starken Schwankungen unterliegen. Wird ein Unternehmen insolvent, ist das Aktienkapital ganz, bei einer Sanierung nach Überschuldung in der Regel weitgehend verloren. Das heißt: Sie müssen Ihre Aktien schon im Auge behalten.

Verfügen Sie über einen Internet-Zugang, geht das ganz bequem. So bieten beispielsweise Banken Seiten an, auf denen Sie Ihr Depot überwachen können.

Sie brauchen nur die entsprechenden Wertpapiere einzugeben. Die Kurse werden ständig aktualisiert sowie Gewinne oder Verluste automatisch ausgewiesen.

Übertreiben Sie es aber nicht: „Es ist unsinnig, die Aktienkurse ununterbrochen zu verfolgen. Wenn man von der Richtigkeit seiner Anlage überzeugt ist, muss man hartnäckig, zäh und geduldig sein."

Auch diesen Spruch des Börsenspekulanten André Kostolany sollten Sie beherzigen. Das können Sie auch, wenn Sie tatsächlich in Unternehmen investiert haben, die Ihr Vertrauen verdient haben. Nur: Auf Dauer werden Sie kein Unternehmen finden, dessen Aktienkurs permanent steigt.

Weil es so wichtig ist, nochmals: Viele Anleger begehen den Fehler, an bestimmten Aktien förmlich zu kleben. Sie sitzen selbst extreme Kursschwankungen aus. Kommt irgendwann der Zeitpunkt, zu dem die Aktie wegen Kapitalbedarfs verkauft werden muss, ist die Enttäuschung groß.

Beispiel Siemens: Wer diese Aktie Anfang 1999 kaufte, bezahlte dafür etwa 40 €. Im Jahresverlauf 2000 stieg der Kurs in der Spitze auf bis zu 130 €. 2001 und im Herbst 2008 fiel er wieder bis unter die 40-€-Marke. Wer diese Berg- und Talfahrt mitgemacht hat, ohne zumindest einen Teil der Gewinne zu realisieren, hat die einzigartige Gelegenheit verpasst, mühelos richtig viel Geld an der Börse zu verdienen.

Natürlich fällt es gerade in guten Börsenzeiten nicht leicht, sich für den Verkauf einer Aktie zu entscheiden. Schließlich könnte der Kurs ja noch höher steigen. Das Beispiel Siemens verdeutlicht das besonders plastisch. Ähnlich ist es Anlegern mit der Deutschen Telekom ergangen: Dreistellige Buchgewinne haben sich in wenigen Monaten im Börsenalltag verflüchtigt. Sie sollten deshalb den Mut finden, erfreuliche Kursentwicklungen zumindest teilweise oder auch ganz zum Ausstieg zu nutzen. Selbst wenn Sie sich später ärgern, dass Sie noch mehr Geld hätten verdienen können: Nur realisierte Gewinne sind echte Gewinne.

Die Entscheidung, wann Sie eine Aktie verkaufen, sollten Sie immer selbst treffen. Hilfreich kann es dafür sein, sich bestimmte Kursgrenzen nach oben und unten abzustecken und sich bei deren Erreichen konsequent von einer Aktie zu trennen. Das erfordert viel Disziplin. Diese streng kaufmännische Ausrichtung wird sich aber unter dem Strich auszahlen. Denn:

Niemandem gelingt es, bei Aktien jedes Mal den wirklich optimalen Ein- oder Ausstiegszeitpunkt zu erwischen. Was optimal gewesen wäre, stellt sich immer erst im Nachhinein heraus.

Verzichten Sie bei Aktien nicht auf Absicherungen

Arbeiten Sie mit individuellen Stopp-Loss-Marken. Sie können so in guten Börsenzeiten festlegen, wann Sie mit einer Aktie genug verdient haben. Erreicht ein Aktienkurs das von Ihnen angestrebte Niveau, sollten Sie die Gewinne realisieren. Bei Kursanstiegen in ansonsten unsicheren Zeiten sollten Sie Ihre Stopp-Loss-Marken nach oben anpassen.

Stopp-Loss-Marken sind aber auch sinnvoll, um Kursverluste in schwierigen Börsenzeiten in Grenzen zu halten. Wo Sie solche Grenzen ziehen wollen, ist wiederum Ihre persönliche Entscheidung. Ratsam ist es, eine Aktie dann ins Auge zu fassen, wenn der Aktienkurs etwa 15 % unter Ihren Einstandspreis gefallen ist. Ab einem Minus von etwa 20 % kann es empfehlenswert sein, zu Teilverkäufen überzugehen. Also technische Erholungsphasen zu nutzen, um den Bestand nach und nach zu reduzieren. Denn: Je tiefer Sie in die roten Zahlen gerutscht sind, desto problematischer wird ein späterer Ausgleich. Für Sie zur Wertaufholung diese Zahlen:

Um 15 % Verlust nur auszugleichen, müssen Sie in zwei Jahren eine Jahresrendite von 8,47 % erzielen. In fünf Jahren 3,30 %. Bei einem Minus von 25 % erfordert die Wertaufholung zwei Jahresrenditen von je 15,47 %. Bei fünf Jahren wären es 5,92 %. Wurden 40 % Verlust gemacht, sieht es für die Wertaufholung finster aus: Der Ausgleich erfordert hier regelmäßige Jahresrenditen von 29,10 bzw. 10,76 %.

Diese Zahlen verdeutlichen Ihnen, wie wichtig es für Sie bei roten Zahlen ist, die Reißleine zu ziehen. Und zwar so rechtzeitig, dass Sie Verluste mit weniger risikoreichen Anlagen wieder wettmachen können. Diese Chance bleibt Ihnen immer, wenn Sie bei Kursen von etwa 15 % unter dem Einstandspreis verkaufen. Zudem können Sie sich dann für eine ruhigere Strategie entscheiden, was auch Ihre Nerven schont.

Versuchen Sie, Aktien billig einzukaufen

Arbeiten Sie mit Abstauber-Limits. Rückt in schwierigen Börsenphasen die Zeit näher, dass es zu einer Bodenbildung kommt, eröffnet Ihnen das die

Chance, Aktien zu Schnäppchenpreisen zu erwerben. Anders als bei individuellen Stopp-Marken, die Sie sich selbst gesetzt haben, erteilen Sie der Bank feste Kauforders. Das allerdings zu Kursen, die deutlich unter denen zum Zeitpunkt der Auftragserteilung liegen. Wird dieses Niveau während der Laufzeit nicht erreicht, führt die Bank den Auftrag nicht aus. Dort, wo es funktioniert, erhalten Sie möglicherweise den Zuschlag zu einem Preis, der sich auf längere Sicht als extrem günstig erweist.

7. Was dahinter stecken kann, wenn Banken bestimmte Anlagen empfehlen

Ein Geschäftsfreund sagte mir vor Jahren: „Ich gehe gern zu meiner Bank, um dort über mein Wertpapier-Depot zu sprechen. Anschließend gehe ich nach Hause und mache regelmäßig das Gegenteil von dem, was man mir geraten hat. Mit dieser Strategie bin ich bisher immer gut gefahren."

Dieses Gespräch fand Ende der 90er Jahre statt. Also kurz bevor die Aktien weltweit auf Talfahrt gingen. So gut wie alle Anleger haben bis 2002 mit Aktien oder Aktienfonds viel Geld verloren. Hauptgrund damals: Die jungen, meist unerfahrenen Wertpapierberater der Banken hatten die Risiken von Aktien grob fahrlässig unterschätzt.

Auch der Börsencrash von 2008 ist im Wesentlichen auf die Banken zurückzuführen. Nachdem erkannt worden war, wie hoch der tatsächliche Abschreibungsbedarf aufgrund gigantischer Fehlspekulationen war, begannen die Banken damit, sich untereinander kein Geld mehr zu leihen. Der sogenannte Interbankenhandel kam zum Erliegen. Hedge-Fonds wurden die Kredite gekündigt. Liquidität musste her – um jeden Preis. Hedge-Fonds, Versicherungen und auch die Banken warfen ihre Aktienbestände ohne Rücksicht auf Verluste auf den Markt. Im Oktober 2008 brach Panik aus. Weltweit gingen die Aktienbörsen auf Talfahrt.

Sollten Sie sich fragen, warum die Banken ihre Kunden vor Kursverlusten nicht gewarnt haben, hier die Antwort:

Anleger sind selbst schuld, wenn sie Bankentipps glauben und befolgen. Warnpflichten ergeben sich nur, wenn das mit einem Kunden ausdrücklich vertraglich vereinbart worden ist. Wer den Banken eine unzulässige Verfolgung von Eigeninteressen vorwirft, muss das zur Überzeugung der Gerichte beweisen. Was Außenstehenden bei bankinternen Vorgängen bisher kaum möglich gewesen ist.

Vor allem sollten Sie immer bedenken, dass Bankberater Umsatz machen müssen. Seit der Euro-Einführung haben Banken die Umsatzvorgaben teils verdoppelt. So betreuen etwa bei den Groß- und exklusiven Privatbanken einzelne Berater Depotvolumina zwischen 50 Mio. und über 100 Mio. €. Die Vorgabe lautet, auf diese Summen 1 bis 1,6 % Provisionen pro Jahr zu erzielen. Anleger müssen deshalb zu Umsatzbringern umfunktioniert werden. Die Folge:

Ein erfolgreicher Bankberater muss Ihnen Produkte mit einem hohen Agio verkaufen. Nur so kann er seine Zielvorgaben erfüllen. Schafft er das nicht, entfallen für ihn Sonderzahlungen oder Leistungsboni. Möglicherweise wackelt sogar der Arbeitsplatz. Mit Kunden, die nur in Aktien, Renten oder Festgeld anlegen, lässt sich einfach nicht genug verdienen.

Mit vielen Tricks wird deshalb versucht, Sie von den Chancen bankeigener Produkte zu überzeugen. Gelingt das, verdient die Bank auf jeden Fall. Sie als Anleger können dagegen ganz schnell zum Unglücksraben werden.

Viele Finanzinnovationen sind so gestrickt, dass sie ein normaler Anleger kaum noch versteht. Zur gewollten Verwirrung tragen auch die englischen Namen bei. Da jede Bank hier tun und lassen kann, was sie will, wird die Vergleichbarkeit erschwert.

Stellen sich solche Produkte als Enttäuschung heraus, empfehlen die Banken kurzerhand andere Papiere. Häufig verdienen sie dabei nicht nur mit der Herausgabe Geld, sondern sind zugleich am Handel beteiligt. Bei Zertifikaten werden die Laufzeiten ständig verkürzt, um dann bei Fälligkeit erneut Umsätze zu machen. Rutschen Bonuszertifikate unter das Sicherheitsnetz, fällt für die Anleger der Bonus weg. Die Zertifikate sind ertraglos, die Dividenden streichen die Banken ein. So einfach funktioniert das – und doch fallen Anleger noch immer darauf herein.

Was Banken alles tun, um Schadenersatz-Ansprüche abzublocken

Fragt die Bank nach der Risikoneigung, habe ich meinen Lesern schon immer geraten, sich als „konservativ" einstufen zu lassen. Versäumt hatte das im Jahr 2000 eine Steuerberaterin, die sich selbst nicht länger um das Management ihrer Aktien kümmern wollte. 580.000 DM legte die Steuerberaterin zur professionellen Verwaltung durch die Bank an. Der Verwendungszweck: Altersvorsorge.

Da sie sich nicht als „konservativ" hatte klassifizieren lassen, legte die Bank auch am Neuen Markt an. 95 % hatten diese Anlagen Anfang 2003 verloren. Insgesamt betrug der Verlust bei der Depotverwaltung über 60 %. Das einzige Entgegenkommen, zu dem sich die Bank bereit erklärte: Ausnahmsweise wollte sie auf die Vermögensverwaltungsgebühr verzichten.

Wie Banken in der Vergangenheit getrickst haben

Ganz generell sind viele Bankberater die Beratungs- und Informationsbogen mit Kunden bisher nur flüchtig durchgegangen. Dabei wurden die Bogen von Beratern teils selbst ausgefüllt und von Anlegern dann „blind" unterschrieben. In anderen Fällen wurden die Risikoklassen gegen die Interessen von Kunden viel zu hoch angesetzt. Mit der Begründung, dass bei konservativer Anlage die besten Produkte nicht gekauft werden dürften. In vielen Fällen sind an sich begründete Schadenersatzansprüche dadurch gescheitert, dass das Kreuz im Beratungsbogen an der falschen Stelle auftauchte.

Seit November 2007 sind die Bankberater zur größerer Sorgfalt und mehr Transparenz verpflichtet worden. Dafür sorgt die neue EU-Richtlinie MiFID (Markets in Financial Instruments Directive), die für eine umfassendere Anlageberatung sorgen soll. Als Anleger haben Sie danach folgende Rechte:

- Die Bank ist verpflichtet, Ihre Aufträge bestmöglich auszuführen.
- Sie haben als Kunde das Recht, schon vor dem Aufgeben einer Wertpapierorder Auskunft über die genaue Höhe von Gebühren und Provisionen zu bekommen. Auch Geld- und Briefkurs des georderten Wertpapiers muss Ihnen die Bank vor Aufgabe einer Order mitteilen.
- Die Bank muss Ihnen offenlegen, nach welchen Prinzipien sie eine Wertpapierorder ausführt, wenn Sie nichts weiter bestimmen. Wenn Sie also etwa keine Angabe zum Handelsplatz machen, muss die Bank Ihnen sagen, wo sie das georderte Wertpapier dann kauft.
- Die Bank muss Ihnen auf Nachfrage mitteilen, welche Provisionen und Rückvergütungen sie erhält, wenn sie Ihnen bestimmte Anlageprodukte verkauft. Vor allem bei Fonds sind solche Rückvergütungen (sogenannte Kickbacks) allgemein üblich, jedoch haben die Banken ihren Kunden die Höhe dieser Provisionen meist verschwiegen.
- Die Bank muss Sie darauf hinweisen, wenn Interessenskonflikte bestehen, wenn also in Bezug auf ein Wertpapier oder eine Anlagestrategie die Interessen der Bank von Ihren Interessen als Anleger abweichen.
- Zudem verpflichtet die MiFID die Banken, nicht nur hauseigene Produkte zu vertreiben, sondern die Kunden beispielsweise auch auf Fonds von Investmentgesellschaften aufmerksam zu machen, die nicht mit der eigenen

Bank verbunden sind. Wer keine entsprechenden Auskünfte gibt, muss damit rechnen, dass die Bank eine Beratung verweigert.

Allerdings sind die Banken danach auch verpflichtet, Sie als Anleger im Hinblick auf Ihre Vorkenntnisse und Risikobereitschaft genauer einzuschätzen. So müssen Sie damit rechnen, künftig nach Ihrem Beruf, Ihrem Ausbildungsstand und Ihren Vermögensverhältnissen gefragt zu werden. Dies soll dazu dienen, Sie vor einem Beratungsgespräch besser einschätzen zu können.

Anlegerschutz greift nur eingeschränkt

Anlegerschützer kritisieren im Hinblick auf die MiFID mehrere Punkte: Zum einen, dass nur die Banken betroffen sind, die mit Wertpapieren handeln, also nicht auch freie Anlage- und Finanzvermittler. Zum anderen, dass Banken und andere Emittenten von Wertpapieren auch künftig nicht zu mehr Verbraucher- bzw. Anlegerschutz verpflichtet sind. Dazu kommt, dass nur bankengehandelte Wertpapiere Gegenstand des Gesetzes sind. Vom Gesetz unberührt bleiben die oftmals viel riskanteren Finanzprodukte des grauen Kapitalmarktes, beispielsweise geschlossene Fonds.

Ein weiterer Kritikpunkt ist die Tatsache, dass nach wie vor Sie als Bankkunde eine eventuelle Falschberatung beweisen müssen und nicht etwa die Bank. Zudem kann auch die MiFID nicht verhindern, dass Ihnen Produkte verkauft werden, die Sie bei näherer Betrachtung doch nicht wollten, weil sie sich als für Sie ungeeignet erweisen.

Eine weitere Taktik von Banken hat darin bestanden, sich nach Beratungsfehlern in die Verjährung hinüberzuretten. Dabei half den Instituten, dass es dank ihrer Lobby beim Gesetzgeber gelungen war, alle Schadenersatzansprüche wegen falscher Anlage- oder Vermögensberatung auf nur noch drei Jahre zu begrenzen. Ermöglicht worden ist das durch die Neufassung des § 37a Wertpapierhandelsgesetz.

Den Start ins Jahr 2005 konnten die deutschen Banken deshalb besonders feiern. Denn: Damit sind alle Altansprüche verjährt, die vor 2002 entstanden waren. Viele Banken haben alles getan, um sich über diese Zeit zu retten. So wurde versucht, Betroffene zu vertrösten und darauf verwiesen, dass die Sachverhaltsaufklärung viel Zeit erfordere. Wer sich auf dieses Spiel eingelassen und seine Ansprüche 2004 nicht gerichtlich geltend gemacht hat, ist zwangsläufig in die Verjährungsfalle getappt.

Zudem: Den wenigsten Anlegern war bekannt, dass die 3-jährige Verjährungsfrist bei Wertpapieren mit dem Kauf der Papiere zu laufen beginnt. Das hat das Landgericht Berlin Ende 2003 entschieden (Az. 21 O 118/03). Selbst viele Rechtsanwälte hatten das anders gesehen, weil sie auf den Zeitpunkt abstellen wollten, zu dem die Verluste eingetreten sind, also der Anleger den Schaden erstmals wahrgenommen hat. Geschieht das, hat die Verjährungsfrist aber bereits zu laufen begonnen. Dieser Rechtsauffassung hat sich bei Wertpapierhandelsgeschäften inzwischen auch der Bundesgerichtshof angeschlossen (Az. XI ZR 170/04).

Allerdings können auch „nicht anlegergerechte Folgeberatungen" für sich Schadenersatzansprüche auslösen. Dann hat die Verjährungsfrist erneut zu laufen begonnen. Nur in extremen Hinhaltefällen haben Schadenersatzklagen trotz Verjährung Aussicht auf Erfolg. Etwa wenn einer Bank „unzulässige Rechtsausübung" nach § 242 BGB vorgeworfen werden kann. Dazu für Sie dieser Fall:

Eine Rentnerin hatte ihre Ersparnisse aus 40 Jahren ausschließlich in Festgeld angelegt. Bis September 2000 war ein Betrag von 80.000 DM zusammengekommen. Dann schichtete sie auf Anraten einer Bankfiliale in den Uni-Power-Portfolio II um. Per Auszug vom 31. März 2002 stellte sie fest, dass von ihren Ersparnissen nur 2.996,68 € übrig geblieben waren.

Von Mai bis September 2003 wurde sie durch Zwischenbescheide der Bank hingehalten. Mit Ablauf der Verjährungsfrist entschuldigte sich die Bank für die „doch sehr lange Bearbeitungszeit". Schadenersatz lehnte sie unter Hinweis auf die allgemeine Börsenentwicklung jedoch ab. Nach Ansicht von Rechtsanwälten ist das ein klarer Fall unzulässiger Rechtsausübung.

8. Neue Pflichten für Banken

Im Zuge der Finanzkrise hat die Bundesregierung im Juli 2009 ein Paragraphenwerk zum besseren Anlegerschutz verabschiedet. Selbst den Politikern und gut verdienenden Ministerialbeamten, die sich dank üppiger Pensionen nicht um die eigene Altersvorsorge kümmern müssen, war klar geworden, wie häufig von Banken vorsätzlich falsch beraten wurde. Ein zentraler Punkt der Reform ist die Wiederabschaffung der kurzen 3-jährigen Verjährungsfrist. Wie oben dargelegt, hat dieses Banken-Sonderrecht bei zigtausend Anlegern für erhebliche Schäden gesorgt.

Neu ist, dass die 3-Jahres-Frist erst dann zu laufen beginnt, wenn Sie als Bankkunde von einem Anspruch erfahren. Erst nach Ablauf von zehn Jahren sind Schadenersatzansprüche wegen Falschberatung endgültig ausgeschlossen.

Findet die Beratung in einer Filialbank statt, müssen Bankberater Verkaufsgespräche protokollieren und die Aufzeichnungen vor dem Geschäftsabschluss unterschrieben an Sie aushändigen. Das Protokoll soll im Streitfall als Beweismittel dienen. Erfolgte die Beratung telefonisch, muss Ihnen die Bank ein Protokoll zusenden. Sollte dieses das Gespräch nicht korrekt wiedergeben, können Sie binnen einer Woche ein Widerrufsrecht nutzen. Die Beweislast für die Richtigkeit des Protokolls soll bei der Bank liegen.

Damit hat der Gesetzgeber nachvollzogen, wozu ich meinen Lesern schon seit Jahren rate: Nämlich bei jeder Beratung ein Protokoll anfertigen und vom Berater gegenzeichnen zu lassen. Künftig dürfte es auch nicht mehr so wichtig sein, bei Gesprächen über größere Anlagesummen einen Anwalt oder Steuerberater hinzuzuziehen, der dann für den Fall einer Falschberatung als Zeuge herangezogen werden kann.

Noch anlegerfreundlicher wäre es gewesen, die Beweislast bei Schadenersatzprozessen vollständig den Banken aufzuerlegen. Denn: Nach wie vor besteht der Interessenskonflikt, dass der Berater eben nicht in erster Linie unabhängiger Berater, sondern abhängiger Verkäufer ist. Daran ändert sich auch nichts, wenn Banken mehr und mehr dazu übergehen, für eine Beratung Honorar zu verlangen. Ist der Berater nicht wirklich unabhängig, läuft das Ganze im Endeffekt doch wieder auf ein Verkaufsgespräch hinaus.

9. Wie sicher Ihr Geld bei den Banken ist

Wenn Sie Ihr Erspartes einer Bank anvertrauen, erwarten Sie zu Recht höchstmögliche Sicherheit, auch im Fall einer Bankenpleite. Die Finanzkrise hat dieses Vertrauen erschüttert. Für Verunsicherung hat insbesondere die Insolvenz der isländischen Kaupthing Bank gesorgt.

Das Kreditinstitut hatte auch in Deutschland um das Geld von Anlegern geworben. Mehr als 30.000 Deutsche ließen sich von den hohen Zinsen anlocken. Denn: Einlagen waren durch die isländische Entschädigungseinrichtung bis zu Beträgen von gut 20.000 € geschützt. Bei den isländischen Banken waren jedoch so hohe Schulden aufgelaufen, dass die Regierung Anfang Oktober 2008 die Verstaatlichung der drei größten Kreditinstitute beschloss. Die Bedienung der Ansprüche aus dem Einlagenfonds wurde im Januar 2009 um weitere drei Monate verschoben. Trotz Einlagenschutzes kamen die Anleger zwischenzeitlich nicht an ihr Geld. Schon im Mai 2008 hatte ich im *Deutschen Wirtschaftsbrief* Nr. 22 wie folgt gewarnt:

Trotz der Top-Zinsen sollten Sie bei der isländischen Kaupthing Bank kein Geld anlegen

5,65 % Zinsen auf Tagesgeldkonten sind zweifellos attraktiv. Auch die Seriosität der Bank steht außer Frage. Der Knackpunkt ist aber die Einlagensicherung. Nach isländischem Recht sind Anlegern nur 20.887 € garantiert.

In Frage zu stellen ist jedoch die Werthaltigkeit. Die isländischen Banken stehen unter massivem Druck. Die US-Kreditkrise hat das Land hart getroffen. Die Währung hat zuletzt dramatisch an Wert verloren. **Hedge-Fonds spekulieren darauf, dass die isländischen Banken kollabieren könnten.**

- Sollte diese Rechnung aufgehen, beträfe ein Kollaps der Banken zwangsläufig auch den Sicherungsfonds. Island hat nur etwa 300.000 Einwohner. Ausfälle in Milliardenhöhe könnte der Staat schwerlich verkraften. **Ich rate deshalb davon ab, überhaupt bei der Kaupthing Bank zu investieren.**

Staatsgarantien sollen Ihnen Sicherheit bieten

Einlagensicherung ist Gesetz. Die Banken aller EU-Mitgliedsstaaten sind verpflichtet, die Gelder ihrer Kunden für den Fall abzusichern, dass die Kreditinstitute in Zahlungsschwierigkeiten geraten. Zwei Richtlinien, die in jedem

EU-Land umgesetzt waren, hatten vorgeschrieben, dass das Sparguthaben eines jeden Bankkunden bis zu einer Höhe von mindestens 20.000 € gesichert ist.

Als Folge der Finanzkrise ist die gesetzliche Einlagensicherung in allen EU-Staaten im Sommer 2009 auf zunächst 50.000 € erhöht worden. Ab 2011 sind 100.000 € geplant. Auch die bisherige Selbstbeteiligung von 10 % ist entfallen. Die Frist für Auszahlungen ist per Gesetz auf höchstens 30 Tage begrenzt worden. In der Schweiz wurde die Einlagensicherung von 30.000 sfr auf 100.000 sfr angehoben. Ist Ihr Geld bei jedem Kreditinstitut absolut sicher und jederzeit verfügbar, wenn Sie es brauchen? Beurteilen Sie das selbst, wenn Sie die folgenden Informationen verarbeitet haben.

Die Erhöhung der gesetzlichen Einlagensicherung ist zu begrüßen. Denn: Wenn eine Bank zum Insolvenzfall wird, haftet Ihnen der Staat. Diese Haftung gilt in Deutschland auch für ausländische Banken, die hier mit eigenen Gesellschaften tätig sind. Nur Niederlassungen ausländischer Banken sind davon ausgenommen.

Soweit es sich um Banken mit Sitz in der EU handelt, ist Ihr Geld durch die EU-weite Einlagensicherung geschützt. Bei einer Insolvenz müssten Sie sich im Falle einer Auslandsgarantie jedoch meist mit einer fremden Sprache herumschlagen. Die Ansprüche sind in einem fremden Rechtssystem geltend zu machen. Zudem dürfte die Entschädigung von Ausländern mit mehr Zeit und Aufwand verbunden sein als bei Inländern. Das gilt es zu bedenken, wenn Sie ausländischen Banken Geld anvertrauen. Ein weiterer Aspekt:

Das Risiko, dass ein Land mangels Leistungsfähigkeit seine Garantiezusagen nicht erfüllt, ist mit Blick auf die „alten“ EU-Staaten vermutlich sehr gering. Anders kann es jedoch bei kleineren Ländern mit niedriger Bevölkerungszahl, geringem Bruttoinlandsprodukt oder extrem hoher Staatsverschuldung sein. Nichts gegen die neuen EU-Mitglieder. In Sachen Werthaltigkeit der Einlagensicherungsgarantien sollten Sie aber selbst entscheiden, ob Sie Bulgarien, Rumänien, Slowenien, Slowakei, Tschechien, Estland, Lettland, Litauen oder Polen uneingeschränkt vertrauen.

Einlagensicherungsfonds sollen Ihr Erspartes zusätzlich absichern

Über die gesetzliche Regelung hinaus existieren zusätzliche Einlagensicherungssysteme. Diese schützen auch größere Geldsummen bis zu 100 %. Beim

Einlagensicherungsfonds handelt es sich um ein freiwilliges Sicherungssystem der Banken zum Schutz von Kundengeldern bei einer Insolvenz.

Private Banken, die dem Einlagensicherungsfonds angehören, zahlen in diesen jährlich einen bestimmten Betrag ein. Dessen Höhe ist abhängig vom Geschäftsvolumen und der Bonität der Bank. Beim freiwilligen Sicherungsfonds für private Banken gibt es eine sehr hohe Sicherungsgrenze, die bei 30 % des Eigenkapitals der jeweiligen Bank liegt. Je nach Kreditinstitut bewegt sich diese vollständig abgesicherte Summe im ein- bis dreistelligen Millionenbereich. Indes:

Auf dem Höhepunkt der Bankenkrise 2008 hatten die deutschen Privatbanken gerade einmal 4,8 Mrd. € in den Fonds eingezahlt. Das ist erschreckend wenig und wäre im Falle einer größeren Insolvenz nur ein Tropfen auf den heißen Stein. Der Gesetzgeber hat die Banken deshalb seit dem Sommer 2009 verpflichtet, verdoppelte Beträge in den Fonds einzuzahlen.

Öffentliche Kreditinstitute wie Sparkassen, Volks- und Raiffeisenbanken sowie Genossenschaftsbanken besitzen eigene mehrstufige Absicherungssysteme. Auch dadurch sollen Ihre Einlagen in voller Höhe abgesichert werden. Die Sparkassen sind beispielsweise dem Sicherungssystem der Deutschen Sparkassen Organisation angeschlossen. Falls es bei einem Institut zu Problemen kommt, springen die anderen ein. Indes: Ob die volle Absicherung tatsächlich für alle Kunden funktioniert, würde sich erst bei einem größeren Schadensfall zeigen. Wie bei den Privatbanken können Sie auch hier nicht absolut sicher sein.

Legen Sie Wert auf bestmögliche Risikovermeidung, sollten Sie größere Geldbeträge aufteilen. Und zwar dadurch, dass Sie sich für Kreditinstitute in unterschiedlichen Verbundsystemen entscheiden.

Welche Sparguthaben die Einlagensicherung erfasst

Ihre Einlagen sind dann gesichert, wenn es Guthaben sind, die auf Ihren Namen lauten (Namensschuldverschreibungen). Diese dürfen also nicht handelbar sein. Das sind

- Girokonten (sogenannte Sichtgelder),
- Sparbücher und -briefe,
- Termineinlagen und Tagesgeldkonten.

Achtung: Nicht unter die gesetzliche Einlagensicherung fallen dagegen

- Inhaberschuldverschreibungen wie Zertifikate und Anleihen, wenn deren Emittent in Insolvenz geht,
- Einlagen, die nicht auf Euro oder die sonstige Währung eines EU-Mitgliedsstaats lauten.

Ihre Wertpapiere sind sicher

Im Zusammenhang mit Wertpapieren in Ihrem Depot greift die Anlegerentschädigung in der gleichen Höhe wie die Einlagensicherung. Beachten Sie: Diese Regelung kommt nur zum Tragen, wenn die in Geldnot geratene Bank nicht in der Lage ist, Anlegern ihre Wertpapiere zurückzugeben, die sie verwahrt oder verwaltet.

Das dürfte aber nur der Fall sein, wenn die Bank widerrechtlich über die Papiere verfügt, also ohne Zustimmung des Kunden Wertpapiere verkauft und den Erlös unterschlägt. Denn: Wenn eine Bank Aktien oder Rentenpapiere verwaltet oder auch (heute allerdings nur noch selten) verwahrt, bleiben die Papiere doch im Eigentum des Bankkunden. Somit haben weder Gläubiger der Bank noch sonst jemand Zugriff auf die eben erwähnten Wertpapiere. Auch wenn die Bank in Geldnot gerät, kann sie solche Papiere trotzdem jederzeit zurückgeben.

Fonds sind als Sondervermögen geschützt

Bei Fonds und Exchange Traded Funds (ETFs) besteht für Sie kein Risiko im Falle einer Insolvenz der Fondsgesellschaft oder der dahinter stehenden Bank. Denn: Fondseinlagen sind Sondervermögen. Die Anteile bleiben stets Ihr Eigentum, Gläubiger erhalten im Insolvenzfall darauf keinen Zugriff.

Wo Sie weitere Informationen bekommen

Banken haben Informationspflichten. Jede Bank ist gesetzlich verpflichtet, Sie im Preisaushang zu informieren,

- zu welcher Entschädigungseinrichtung sie gehört,
- in welcher Höhe Ihre Einlagen abgesichert sind und
- in welchem Umfang die Sicherung erfolgt (z. B. bis zu 90 % der Einlage).

Neukunden muss die Bank explizit auf ihre bankeigenen Sicherungsvorkehrungen hinweisen!

Auskünfte über die Höhe der Einlagensicherung eines Kreditinstituts geben:

- der Bundesverband deutscher Banken in Berlin (www.bdb.de, Tel.: 030 1663-0),
- der Verband öffentlich-rechtlicher Banken in Deutschland (www.voeb.de, Tel.: 030 8192-0),
- die Bundesanstalt für Finanzdienstleistungsaufsicht in Bonn (www.bafin.de, Tel.: 0228 4108-0)

10. Wer Geld am grauen Kapitalmarkt investiert, muss sich über die Risiken klar sein

Bisher bin ich ganz überwiegend auf Wertpapiere eingegangen, die wie Aktien und Anleihen an den Börsen gehandelt werden und damit einem reglementierten Markt unterliegen. Das hat für Sie den weiteren Vorteil, diese Papiere jederzeit über die Börse wieder verkaufen zu können. Für viele durchaus beliebte Anlageformen gilt das jedoch nicht.

So gibt es Zigtausende von Finanzdienstleistern, die am grauen Kapitalmarkt mit verschiedensten Angeboten locken. Die in Aussicht gestellten Renditen sind oft verlockend. Die damit verbundenen Risiken werden jedoch häufig kleingeredet, ebenso wie die hohen Nebenkosten.

Die vertriebenen Produkte sind bei der Bundesanstalt für Finanzdienstleistungsaufsicht allenfalls meldepflichtig. Das öffnet Missbrauch Tür und Tor und kann bis hin zum Betrug gehen. Hier hilft Ihnen auch die EU-Richtlinie MiFID nicht. Denn: Für geschlossene Fonds gilt sie nicht.

Wissen sollten Sie auch, dass am grauen Kapitalmarkt viele Berater nur auf hohe Provisionen aus sind. Statt, wie behauptet, neutral zu beraten, wird hinter dem Rücken des Anlegers kräftig abkassiert. So sind beim Verkauf von Immobilienfonds Vermittlungsprovisionen von 10 % keine Seltenheit. Unternehmensbeteiligungen können dem Berater sogar 15 % einbringen. Da auch die Initiatoren kassieren, kann bis zu einem Viertel des eingezahlten Geldes von den sogenannten weichen Kosten aufgefressen werden. Sie sollten sich deshalb immer eine gesunde Portion Misstrauen bewahren.

Besonders groß ist das Risiko, wenn man Sie dazu bringt, riskante Finanzgeschäfte über angebliche Profis abwickeln zu lassen. Oft fehlt diesen die erforderliche Erlaubnis, derartige Transaktionen überhaupt durchführen zu dürfen. Nur in solchen Fällen kann das Bundesamt für Finanzdienstleistungsaufsicht einschreiten und die Abwicklung von Finanz-Kommissionsgeschäften untersagen.

Auf derartige Firmen hereingefallene Anleger haben kaum Aussichten, ihr Geld zurückzubekommen. Zwischenzeitlich ist es unseriösen Anbietern meist gelungen, allein durch die hohen Gebühren für jede durchgeführte Transaktion abzukassieren. Durch dieses sogenannte Churning ist der Großteil des Einsatzes vernichtet.

Selbst erfolgreiche Schadenersatzklagen bringen Geschädigten nichts, wenn die Gesellschaften insolvent sind und die Drahtzieher unauffindbar bleiben. Immer wieder wird deshalb vor unseriösen Anbietern am grauen Kapitalmarkt namentlich im *Deutschen Wirtschaftsbrief* gewarnt.

Phoenix Kapitaldienst und Leipzig-West: Nur die krassesten Fälle

Bereits mehrfach hatte ich im *Deutschen Wirtschaftsbrief* den Betrugsskandal im Fall Phoenix Kapitaldienst aufgegriffen. Der Hintergrund:

Rund 30.000 Anleger wurden um Anlagebeträge von gut 500 Mio. € geprellt. Allein im Zeitraum Juli 2004 bis Januar 2005 erwischte es knapp 7.000 Anleger, die insgesamt etwa 123 Mio. € angelegt hatten. Der Betrug erfolgte in der Form, dass den Investoren (darunter auch viele Kleinanleger) falsche Renditeversprechen gemacht wurden. Anstatt in „profitable Börsentermingeschäfte" steckten die Angeklagten einen Großteil des investierten Geldes in die eigene Tasche oder ließen es in dunklen Kanälen verschwinden. Die angeblichen Termingeschäfte mit Rohstoffen und Aktienindizes waren zum großen Teil frei erfunden.

Bei Phoenix handelt es sich um ein Wertpapierhandelsunternehmen, das wie ein Kreditinstitut unter Bankenaufsicht steht, sich jedoch nicht mit Einlagengeschäften befasst. Wertpapierhandelsunternehmen tätigen ausschließlich Wertpapiergeschäfte oder erbringen Finanzdienstleistungen wie etwa Anlagevermittlung. Solche Unternehmen sind in Deutschland der Entschädigungseinrichtung der Wertpapierhandelsunternehmen (EdW) angeschlossen. Diese Einrichtung soll besonders die Ansprüche von Kleinanlegern sichern. Das Ziel ist, 90 % der ausstehenden Forderungen abzudecken, jedoch maximal 20.000 €.

Mit rund 200 Mio. € sollte die EdW die Phoenix-Geprellten entschädigen. Dafür hatte sie jedoch nicht genug Geld in der Kasse. Mitgliedsunternehmen weigerten sich nachzuschießen. Die meisten Geschädigten warten deshalb noch immer auf ihr Geld. Wie beim Bankensicherungsfonds wurden daher auch hier die Jahresbeiträge erhöht, und zwar um das 3,5-Fache. Doch viele Wertpapierhandelsunternehmen und Vermögensverwalter sind damit nicht einverstanden und wollen dagegen klagen. Was darauf hinauslaufen dürfte, dass geschädigte Anleger von der EdW auch künftig wenig erwarten können.

Auch vor der Wohnungsbaugesellschaft Leipzig-West AG hatte ich wiederholt gewarnt. Zu Recht. Denn: Die Gesellschaft hat im Juni 2006 vor dem Amtsgericht Leipzig Insolvenzantrag gestellt. Rund 27.000 Anleger stehen vor einem Totalverlust ihrer Kapitaleinlagen. Die Schadenssumme wird auf insgesamt 300 – 500 Mio. € beziffert. Noch bis kurz vor der Insolvenzantragstellung wurden massiv neue Anleger geködert. Als Hintergrund des Anlagebetrugs wird ein Schneeballsystem vermutet. Für diese Annahme sprechen Angaben in den Anleiheprospekten, wonach der Nettoerlös der Anleihe auch zur Ablösung bisher ausgegebener Inhaber-Teilschuldverschreibungen dienen könne.

Ähnlich wie bei den Leipzigern ist es bei der DM Beteiligungen AG/Düsseldorf gelaufen. Auch hier hatte ich vor einem Schneeball-System und hoffnungsloser Überschuldung gewarnt. Der Drahtzieher und Hauptaktionär war bei beiden Gesellschaften derselbe.

Je höher die in Aussicht gestellten Gewinne, desto größer das Betrugsrisiko

Dazu ein Fall, über den ich im Sommer 2009 berichtete. Es ging um eine Firma Real Estate & Oil. Inc. mit angeblichem Hauptsitz im US-Bundesstaat Oregon. Das Unternehmen bot für eine Beteiligung in Höhe von 5.000 € an der Börse gehandelte Genussscheine an. Nach einer in Aussicht gestellten Wandlung werde die Wertsteigerung über 33.000 € betragen. Begründet wurde der versprochene Zuwachs mit dem Besitz von Ölfeldern gigantischen Ausmaßes. Indes:

Gestartet hat der Handel in Frankfurt mit einer Notierung von über 80 €. Das war im Spätsommer 2008. Zuletzt ist der Kurs auf 3 Cent gefallen. Im Klartext: Wer hier eingestiegen ist, hat Totalverlust erlitten. Anwälte raten zur Strafanzeige wegen Betrugs. Dennoch dürften Geschädigte wohl keinen Cent wiedersehen.

Ich warne: Beispiele dieser Art werden sich in ähnlicher Form und unter anderem Namen wiederholen. Die Internet-Auftritte solcher Firmen sind besonders eindrucksvoll aufgemacht. Alles sieht seriös aus. Aber: Geschäftstätigkeit und Internationalität sind bloß vorgegaukelt. Dahinter stecken lediglich Scheinadressen. Büroservice-Unternehmen wickeln die Geschäfte ab, die Hintermänner bleiben unsichtbar. Achtung: Da der Genussscheinmarkt so gut wie nicht reguliert ist, lädt er Betrüger geradezu ein.

Unterschätzen Sie nicht die unternehmerischen Risiken geschlossener Fonds

Bei geschlossenen Fonds handelt es sich um unternehmerische Beteiligungen. Die Initiatoren sammeln Kapital ein, das dann in bestimmte Objekte investiert wird. Das können beispielsweise Immobilien, Schiffe, Windkraftanlagen oder auch Filme sein. Geschlossene Fonds werden meist als Kommanditgesellschaften mit beschränkter Haftung (GmbH & Co. KG) konzipiert. Dabei werden die Kommanditanteile an der Gesellschaft über einen bestimmten Platzierungszeitraum zum Verkauf angeboten. Ist die geplante Eigenkapitalquote erreicht, wird der Fonds geschlossen.

Die Anlage ist langfristig. Die Anleger binden sich über die gesamte Laufzeit der Beteiligung. Börsenhandel oder tägliche Preisfeststellung wie bei Investmentfonds existieren hier nicht. Anteile können nur über den Zweitmarkt, z. B. an der Börse Hamburg, abgegeben werden – wenn sich dort ein Käufer findet.

Geschlossene Fonds wurden in der Vergangenheit oft als Steuerstundungsmodelle eingesetzt. Diese Möglichkeit hat der Gesetzgeber inzwischen weitgehend eingeschränkt. Solche Beteiligungen rechnen sich deshalb nur, wenn sie eine überdurchschnittliche Nachsteuer-Rendite erzielen können. Dafür werden oft steuerliche Besonderheiten der einzelnen Anlagegüter genutzt. Also etwa bei Schiffen die Tonnagesteuer oder bei Immobilien die Abschreibung.

Unterstellt das Finanzamt dem Fonds fehlende Gewinnerzielungsabsicht, gehen die erhaltenen Steuervorteile nachträglich verloren. Ein nicht unerheblicher Anteil von geschlossenen Immobilienfonds in Ostdeutschland hat sich als Bumerang für die Anleger erwiesen. Noch schlimmer hat es aber die Zeichner von Medienfonds erwischt:

Immer mehr Medienfonds werden zum finanziellen Super-GAU

Da sich mit diesen Fonds hohe Provisionen verdienen ließen, wurden sie auch von vielen Geschäftsbanken vertrieben. Es handelt sich dabei um geschlossene Fonds, mit denen Film- und Fernsehproduktionen finanziert werden. Der Anleger trägt mit seiner Investition zur Finanzierung bei und soll am Einspielergebnis beteiligt werden. Ein wesentliches Motiv für den Anleger war dabei häufig die sogenannte Verlustzuweisung. Um das zu begrenzen, wurde prompt der Gesetzgeber tätig.

Medienfonds, als steuerliche Wunderwaffe angepriesen, haben jedoch meist gefloppt. In einer Reihe von Fällen haben sich die Initiatoren als unseriös erwiesen. So wurde der Initiator des VIP-Medienfonds 4 zu einer langen Haftstrafe verurteilt. Das OLG München hat die Prospekte, die die Grundlage des Vertriebs bildeten, als fehlerhaft eingestuft (Az. 5 U 3700/07). Die vertreibende Commerzbank wurde deshalb verurteilt, die Beteiligung rückabzuwickeln.

In zig anderen Fällen laufen ebenfalls Klagen. Oft ist nicht nur das eingesetzte Kapital verloren. Es drohen zudem erhebliche Steuernachzahlungen. Selbst erhaltene Ausschüttungen sind möglicherweise zurückzuzahlen. So wird etwa den Victory Medienfonds vorgeworfen, Zinseinnahmen an nicht berechtigte Anleger anderer Fonds ausgeschüttet zu haben. Von Medienfonds habe ich im *Deutschen Wirtschaftsbrief* seit Auflegung der ersten Fonds immer wieder abgeraten und auch vor den steuerlichen Risiken gewarnt.

Geschlossene Immobilienfonds müssen ihre Ausschüttungen streichen

Durch die Finanz- und Wirtschaftskrise hat es vor allem die Fonds erwischt, die vor der Krise in Länder mit Preisverfall investiert haben. Also etwa in Großbritannien, Spanien oder den USA. Zur Falle werden die Beleihungssätze. Dazu aus dem *Deutschen Wirtschaftsbrief* 37/09:

»In Kreditverträgen ist üblicherweise vereinbart, wie hoch die Beleihung sein darf. Für Sie ein Beispiel: Der Euroselect 14 Fonds hat über die Bonner Immobiliengesellschaft IVG in die „Londoner Gurke“ investiert. Deren Wert ist von 600 Mio. auf 470 Mio. Pfund gefallen. Dem stehen 473 Mio. Pfund Kredite gegenüber. Der Beleihungsgrad beträgt damit über 100 %. Laut Kreditvertrag dürfen es jedoch nur 67 % sein. Folge:

Investoren werden so lange keine Ausschüttungen erhalten, bis die Marke von 67 % wieder erreicht ist. Ähnlich sieht es auch bei anderen Fonds aus, bei denen gemäß Kreditverträgen die Beleihungssätze niedrig sind. Angelockt wurden Anleger mit Steuervorteilen, die Ausschüttungen bei Auslandsbeteiligungen bieten. Jetzt fallen diese Ausschüttungen aus. Nur wenige Zeichner sind bereit, noch weiteres Kapital zuzuschießen. Die Restrukturierung der Fondsfinanzen wird Anleger in vielen Fällen noch Nerven kosten.«

Sind Sie auf geschlossene Fonds hereingefallen, ist Hopfen und Malz aber noch nicht immer verloren. Denn:

Vertreiber geschlossener Fonds müssen Sie auf die unternehmerischen Risiken hinweisen

Diese erfreuliche Rechtsprechung bestätigt jetzt das Oberlandesgericht Frankfurt/M. Für Sie kurz der Fall: Ein Anlageberater hatte einen geschlossenen Immobilienfonds als sichere Altersvorsorge empfohlen. Der Fonds entwickelte sich durch Mietausfälle jedoch schlechter als angekündigt und geriet in Schieflage. Die Anlegerin klagte wegen Falschberatung und hatte damit Erfolg (Az. 10 U 105/06). Das OLG:

Der Erfolg des Fonds hänge regelmäßig davon ab, ob die Immobilie solvente, bonitätsstarke Mieter habe. Er könne deshalb nicht ohne Weiteres als sichere Altersvorsorge empfohlen werden. Ein weiterer Aspekt: Geschlossene Fonds sind meistens nur schwer liquidierbar. Auch darauf müssen Berater hinweisen. Ebenso wie auf das mögliche Risiko eines Totalverlustes sowie auf eine persönliche Haftung der Zeichner. Fazit: Wer hier einsteigt, sollte sich über die Ausfallrisiken und den spekulativen Charakter informieren.

Sicherlich gibt es Beteiligungsmodelle, die sich auch für Anleger als lukrativ erweisen. Das können auch aus steuerlichen Gründen beispielsweise Schiffsbeteiligungen sein. Hier gibt es eine Vielzahl seriöser und erfahrener Anbieter. Deren Leistungsbilanzen reichen teils Jahrzehnte zurück. Jedoch sollten Sie selbst bei zweifelsfrei gegebener Seriosität mit Ihrem Steuerberater abklären, ob es sich für Sie wirklich lohnt, solche Investitionen einzugehen. Denn: Sie tragen dann nicht nur das unternehmerische Risiko, wenn in einer Rezession die Frachtraten einbrechen. Auch die Laufzeit solcher Bindungen ist lang, und vorzeitige Ausstiegsmöglichkeiten setzen einen wirklich funktionierenden Zweitmarkt voraus. Ansonsten ist das Verlustrisiko groß. Handelt es sich um steuerbegünstigte Kapitalanlagen, sind möglicherweise auch erhaltene Steuervorteile zurückzuerstatten.

Geschlossene Fonds sind durch die Einlagensicherung nicht geschützt. Mangelnder wirtschaftlicher Erfolg kann je nach Rechtsform der Fonds zu einer Nachschusspflicht führen. Das gilt vor allem für GbR-Fonds. Bei den üblichen KG-Fonds haften die Zeichner „nur" mit der Einlage. Die Haftung kann jedoch gemäß § 172 HGB wieder aufleben, wenn es zu Ausschüttungen kam, die nicht kaufmännisch erwirtschaftet wurden.

11. Neue Tricks am grauen Kapitalmarkt: Wie gewiefte Verkaufsprofis vorgehen

Der graue Kapitalmarkt ist dadurch gekennzeichnet, dass hier „Werber" besonders aggressiv agieren. Sie werden meist von sich aus ohne jede Aufforderung des angesprochenen potenziellen Kunden aktiv.

Dabei werden zunächst nur telefonisch bestimmte Berufs- oder Einkommensgruppen angesprochen. Aktuell beliebt ist es, den Ansprechpartnern noch nicht gehandelte, angeblich demnächst zur „Neuemission" anstehende Wertpapiere oder Fonds anzubieten. Deren „vorbörsliche" Preise können von den Vertreibern nach Gutdünken festgesetzt werden. Üblicherweise machen die vorweg zu finanzierenden Vertriebskosten auf dem grauen Kapitalmarkt bis über 50 % des „Kapitaleinsatzes" aus.

Die stets taktisch und psychologisch geschulten Telefonwerber setzen auf

- die Angst der bereits an der Börse hereingefallenen Anleger vor weiteren Vermögensverlusten,
- das Bestreben dieser Anleger, ihre Verluste durch andere Anlagen wieder herauszuholen,
- das „Abfischen" von Schwarzgeldern bei ausgewählten Berufsgruppen,
- die Gier mancher Anleger, kurzfristig mit spekulativen Börsengeschäften, insbesondere durch Hedge-Fonds, an fallenden Börsenkursen zu verdienen oder eigene Bestände vermeintlich „abzusichern".

Kleinanlegern werden stille Beteiligungen in Form von Sparplänen als ideale Altersvorsorge angepriesen. Die Laufzeiten liegen zwischen 10 und 40 Jahren, wobei ordentliche Kündigungen regelmäßig ausgeschlossen sind. Wer aussteigen will, muss horrende Abgangsentschädigungen zahlen.

Geschickte Anlagebetrüger kennen börsentechnische Begriffe bestens und überzeugen unter Verwendung von Schlagworten. Sie übertölpeln die angerufenen Personen meist abends mit scheinbar überzeugenden Argumenten, die nur einen Nachteil haben: Sie sind schwer durchschaubar, praktisch nie überprüfbar und in den für die Betrüger wesentlichen Kostenpunkten falsch oder irreführend.

Dieses von den Aufsichtsbehörden, insbesondere der Bundesanstalt für Finanzdienstleistungsaufsicht (BaFin) nicht kontrollierte Agieren der Telefonbetrüger durch kalte Anrufe wird von den Ermittlungsbehörden ohnehin kaum durchschaut, selbst wenn diese davon durch Anzeigen betroffener Anleger erfahren. Von der Justiz wird es meist erst dann verfolgt, wenn sich die Initiatoren solcher Anlagen abgesetzt haben oder die GmbHs oder rechtzeitig zwischengeschaltete Strohleute ein Insolvenzverfahren anmelden.

Objektive Kontrolle: Fehlanzeige

Die nach den kalten Anrufen interessierten Anlegern auf Anfrage zugesandten „Verkaufsprospekte“ werden am grauen Kapitalmarkt praktisch nie von einer objektiven Stelle analysiert oder kontrolliert. Bei der BaFin gibt es zwar eine Liste über „alle“ Firmen am grauen Kapitalmarkt (auch via Internet), soweit diese dort „gelistet“ sind. Aber selbst wenn ein Anlagebetrüger sich mit erfundenen/falschen Angaben dort als „gelistet“ eingeschlichen hat, bleibt er in der Regel zunächst zwei Jahre als „gelisteter Finanzdienstleister“ erfasst und ungeschoren.

Ohnehin sagt eine „Listung“ bei der BaFin nichts über die potenzielle kriminelle Energie einzelner dort eingetragener Finanzdienstleister aus. Denn: Die „Eintragungsschwelle“ ist relativ niedrig, und Verkaufsprospekte werden nur auf formale Kriterien geprüft. Also nicht daraufhin, ob diese wirtschaftlich fundiert sind.

Seit 1. Juli 2005 gilt das „Anlegerschutzverbesserungsgesetz“. Alle geschlossenen Fonds dürfen danach nur noch „geprüft“ vertrieben werden. Das Prüfsiegel für neu aufgelegte Fonds wird von der Finanzaufsicht BaFin erteilt und soll Anleger schützen. Dazu gehören in erster Linie Risikohinweise. Über rein formale Auflagen geht aber auch diese Prüfung nicht hinaus. Inhaltliche Angaben und Renditerechnungen werden von der BaFin nicht auf Schlüssigkeit hin überprüft. Was man seitens der BaFin auch für richtig hält. Denn: Fehlbeurteilungen könnten die Finanzaufsicht schadenersatzpflichtig machen. Zudem fehlt Personal.

Das läuft darauf hinaus, dass Sie selbst sämtliche inhaltlichen Angaben sorgfältig durchgehen müssen. Bisher waren formale Fehler häufig der Ansatzpunkt für Schadenersatzklagen hereingefallener Anleger. Auf unzureichende Risikoaufklärung können Sie solche Klagen nicht mehr stützen. Achtung:

Anbieter können selbst der formalen Prüfung entgehen, wenn sie Fonds aus dem EU-Ausland verkaufen. Wird dort eine Immobilien-Aktiengesellschaft gegründet, können sie die Aktien ungeprüft absetzen. Börsennotierung ist nicht erforderlich. Das folgt aus der neuen EU-Wertpapierprospekt-Richtlinie. Hier öffnet sich ein neues Einfallstor für Betrug in großem Stil. Ich werde das für Sie im Auge behalten.

„Harte“ kriminelle Anlagebetrüger sind bei der BaFin ohnehin überhaupt nicht erfasst. „Weiche“ Betrüger kommen zwar in die Listung, jedoch erfolgt durch die BaFin keine laufende Kontrolle ihrer Aktivitäten.

Meist haben Betrüger mindestens zwei Jahre Zeit, um gutgläubige Anleger abzuzocken, bevor diese mit Beschwerden und später Strafanzeigen reagieren. Dabei gehen die Verfasser unrichtiger Verkaufsprospekte meist wenig Risiko ein, sofern ihre Fehler überhaupt auffallen. Zum einen sind die Fristen der Verjährung für die Prospekthaftung (sechs Monate ab Kenntnis des Fehlers!) äußerst kurz, auch wenn die Verjährungsfrist grundsätzlich drei Jahre ab Auflegung des Prospekts beträgt.

Zum anderen sind, anders als in den USA, bei fehlerhaften Prospekten keine hohen „Straf-Schadenersatzansprüche“ („punitive damages“) gegen die Prospektverfasser bzw. -verwender zu erwarten, geschweige denn konsequente Betrugsverfahren wegen Anlagebetrugs. Denn: Die Staatsanwaltschaften sind insoweit in der Regel kompetenzmäßig unterbesetzt, uninteressiert oder durch die Vielzahl von Verfahren gegen Anlagebetrüger überfordert und überlastet.

Das 4. Finanzmarktförderungsgesetz reicht keinesfalls aus, um die Anreize zur Strafverfolgung gegenüber den Betrügern am grauen Kapitalmarkt zu verbessern, weil es keine „zentralen Staatsanwaltschaften“ für Kapitalanlagebetrug gibt, die Städte- und Ländergrenzen übergreifende Ermittlungsmöglichkeiten hätten, sondern nur in der eigenen Region zuständig sind. Außerdem fehlt gerade auf diesem Spezialgebiet ein effektives zivilrechtliches Haftungsrisiko für betrügerische Initiatoren.

Durchschauen Sie die Maschen unseriöser Anbieter

Was können Sie vorbeugend gegen solche Angebote tun? Am besten den Telefonhörer auflegen. Insbesondere dann, wenn der Anruf ohne Aufforderung erfolgt, der Firmensitz im Ausland ist oder mit hohen Renditeversprechungen oder Sicherheitsbeteuerungen geworben wird.

Fast immer werden arglose Anleger dadurch aufs Glatteis geführt, dass ihnen angeboten wird, es zunächst doch einmal probeweise mit einem relativ geringen Einsatz von 1.000 € oder etwas mehr zu versuchen. Anschließend werden den so angelockten Erstanlegern Anfangsgewinne auf diese Ersteinlage vorgespiegelt oder fiktiv durch kreative, gefälschte Kontoauszüge bestätigt.

Nicht selten wird auch auf angeblich seriöse „Referenzen“ verwiesen, bei denen sich die angesprochenen Anleger über deren Erfahrungen vermeintlich objektiv „erkundigen“ können. Dabei handelt es sich meist um verdeckte „Zutreiber“ bzw. „freie Mitarbeiter“, die den Anrufern gegenüber vorgeben, sie hätten gute Erfahrungen mit diesen Anlageberatern gemacht. Wer sich die von den Betrügern zunächst vorgespiegelten Anfangsgewinne auszahlen lassen will, wird in der Regel systematisch hingehalten.

Viel häufiger aber fassen auf diese Weise „überzeugte“ Erstanleger daraufhin Vertrauen und tun das, was die Anlagebetrüger erreichen wollen: Sie schießen größere Beträge sukzessive nach und stellen dann meist erst nach einigen Wochen fest, dass sie keine aktuellen Informationen mehr erhalten. Nach vergeblichen weiteren Versuchen, sich über die Anlagen und deren Ergebnis zu informieren, werden die Anleger in der Folgezeit nach allen Regeln der Kunst hingehalten, bis die sechsmonatige Verjährungsfrist aus der Prospekthaftung abgelaufen ist oder die Anlagebetrüger in aller Ruhe „dicht“ gemacht haben bzw. im Ausland untergetaucht sind.

Anzeigen können zum Bumerang werden

Falls die Staatsanwaltschaft sich dann doch noch durchringt, die Räume und Buchhaltungsunterlagen bzw. Bankverbindungen der Anlagebetrüger zu durchsuchen, werden die Anschriften der geschädigten Anleger ausfindig gemacht und diese bezüglich ihrer erlittenen Schäden von den Ermittlungsbehörden angeschrieben bzw. als Zeugen vernommen. Dabei stellen sich dann nicht selten auf Kontoauszügen bestätigte, fiktive „Anfangsgewinne“ der hereingefallenen Anleger heraus, die von den Anlagebetrügern und deren Geschäftspartnern auf den ersten Abrechnungen bzw. Kontoauszügen verbucht wurden.

Statt gegen die Anlagebetrüger und deren Hintermänner nachhaltig zu ermitteln, ziehen es die deutschen Ermittlungsbehörden inzwischen in der Regel vor, die Anschriften der hereingefallenen Anleger deren zuständigem Wohnsitzfinanzamt mitzuteilen. Insbesondere wenn sich bei den Ermittlungen herausstellt, dass zunächst hohe fiktive „Kapitalgewinne“ (auf dem Papier!) ausgewiesen wurden.

Dann müssen die um ihren gesamten Kapitaleinsatz erleichterten Anleger aufgrund ihrer eigenen Zeugenaussage und der vorgelegten Bestätigungsbelege der Anlagebetrugsfirmen mit Ermittlungsverfahren rechnen. Wegen der auf den Kontoauszügen bestätigten fiktiven Spekulationsgewinne kann es sogar zu Steuernachforderungen kommen. So der Bundesfinanzhof (Az. VIII R 5/02).

Im Urteilsfall ging es um angeblich lukrative Geldanlagen in den USA. Sicherheit suggerierte ein über dem Einstandsbetrag liegender Mindestgewinn. Tatsächlich haben jedoch überhaupt keine Börsengeschäfte stattgefunden. Gewinne wurden aus den Einlagen anderer Betrugsopfer gezahlt. Gewinne aus nur vorgetäuschten Geschäften sind laut BFH einkommensteuerpflichtig. Entscheidend ist allein die Absicht eines Anlegers, mit dem eingesetzten Kapital Gewinne zu erzielen. Werden wie hier Terminmarkt-Investitionen vorgetäuscht, sind das steuerpflichtige Spekulationsgeschäfte. Was dem Anleger nachher tatsächlich zufließt, ist nicht entscheidend.

Keine Rolle spielt gemäß Bundesfinanzhof auch, ob Geschädigte den Betrug durchschaut haben oder nicht. Fallen gutgeschriebene Beträge besonders hoch aus, kann der Fiskus sogar noch mehr Steuern fordern. Dafür genügt, dass einmal die Gelegenheit bestanden hat, einen ausgewiesenen Gewinn ausgezahlt zu bekommen. Diese Rechtsprechung hat der BFH kürzlich bekräftigt (Az. VIII R 36/04). Bleibt nur die Hoffnung, dass das Bundesverfassungsgericht diese Rechtsprechung kippt.

Konsequenz: Reagieren Sie niemals auf kalte Anrufe, unabhängig davon, wo deren Urheber ihren Sitz haben! Selbst nur „durchschnittliche" Renditeversprechungen oder Sicherheitsbeteuerungen sollten zur Vorsicht mahnen. Sehen Sie auch von geringfügigen Ersteinsätzen ab. Denn selbst bei Ausweis prozentual hoher „Anfangsgewinne" kann hierüber in der Regel nicht verfügt werden. Andererseits besteht das oben geschilderte steuerliche Risiko für die hereingefallenen Anleger, diese fiktiven „Gewinne" später nachversteuern und die Einkommensteuerrückstände" mit 6 % verzinsen zu müssen.

Anlegerschutz erweitert

Seit Dezember 2004 ist der Verbraucherschutz bei Finanzdienstleistungen erweitert worden. Und zwar in Bezug auf Abschlüsse, die per Post, Fax, Telefon oder Internet erfolgen. Solche Verträge können Sie jetzt innerhalb von 14 Tagen widerrufen. Zudem gelten verschärfte Informationspflichten. So müssen Finanzdienstleister ihre Hauptgeschäftstätigkeit offenlegen und bereits vor Vertragsabschluss alle Details ganz genau beschreiben. Dazu gehören auch Kündigungsbedingungen oder etwaige Vertragsstrafen.

Finanzdienstleister müssen die Vertragsbestimmungen jederzeit in einer „Urkunde“ zur Verfügung stellen. Die Informationen haben „klar und verbindlich“ zu sein. Wichtige Punkte sind besonders zu kennzeichnen. Erst mit der Erfüllung der Dokumentationspflicht beginnt die Widerrufsfrist zu laufen. Die Konsequenz: Bei einer Nichterfüllung können Sie noch Jahre später Vertragsaufhebung fordern. Aber Achtung:

Von dem Widerrufsrecht ausgenommen sind Aktien oder andere Wertpapiere mit Kursschwankungen. Auch Geschäfte mit Edelmetallen sind ausgeklammert. Deshalb sollten Sie sich keinesfalls telefonisch zum Kauf von Wertpapieren überreden lassen. Hier helfen Ihnen die neuen Vorschriften nicht.

Beim Fernabsatz haben Finanzdienstleister die Pflicht, die zuständige Aufsichtsbehörde zu nennen. Bei allen Streitigkeiten können sich Verbraucher an die Schlichtungsstelle der Bundesbank wenden. Für Versicherungen wird eine entsprechende Stelle bei der Bonner BaFin eingerichtet.

Anlegerfreundlich ist auch ein kürzliches Urteil des Bundesgerichtshofs zum Thema Prospekthaftung (Az. II ZR 329/04). Danach müssen Verkaufsprospekte alle für eine Kaufentscheidung relevanten Informationen enthalten. Dazu gehört auch die Angabe, welcher Investitionsteil unmittelbar in die Anlage fließt und welche Kosten nicht Teil der eigentlichen Investition sind. Letztere sogenannte „Weichkosten“ müssen für den Anleger in korrekter Höhe sofort aus dem Prospekt ersichtlich sein. Sie brauchen also nicht erst umständliche Vergleiche anzustellen oder Rechengänge durchzuführen. Wer sich auf derartige Falschangaben in Anlageprospekten verlassen hat, kann seine Beteiligungen zurückgeben und sich seine Aufwendungen erstatten lassen.

12. So reagieren Sie richtig auf zweifelhafte Angebote und „kalte" Anrufe

- Bevor Sie jemandem Geld anvertrauen, sollten Sie in jedem Fall die Seriosität überprüfen. Seien Sie besonders misstrauisch, wenn sich Treuhand-Firmen oder andere Finanzdienstleister unaufgefordert bei Ihnen melden.

- Fragen Sie den Telefonverkäufer nach seinem genauen Namen und der Anschrift, unter der er am Arbeitsplatz zu erreichen ist.

- Kündigen Sie einen persönlichen Besuch an, da Sie Ihre Partner für finanzielle Transaktionen grundsätzlich persönlich kennen lernen wollen. Mancher Anrufer wird das Gespräch sofort beenden. Falls nicht:

- Bitten Sie um Zusendung firmenspezifischer Unterlagen. Wie lange besteht die Firma? Wer steht dahinter? Kündigen Sie zugleich an, ein Exemplar dieser Unterlagen dem Anlageberater Ihrer Hausbank vorzulegen, um mit diesem über die Seriosität von Anbieter und Angebot zu sprechen. Das sollten Sie auf jeden Fall auch tun!

- Fordern Sie den Anbieter auf, Ihnen eine Pressemappe vorzulegen. Denn: Ein seriöser Anbieter mit wirklich guten Angeboten ist auch daran zu erkennen, dass die Fachmedien seine Arbeit zu würdigen wissen. Fehlt es an solchen Presseresonanzen, hat das Produkt Fachredaktionen und Experten offensichtlich nicht überzeugt.

- Kann die Abwicklung der Geschäftsbeziehung über ein Einzelkonto im eigenen Namen erfolgen? Seriöse Berater geben sich mit einer Handelsvollmacht für dieses Konto zufrieden. Gemeinschaftskonten, Poolkonstruktionen und Treuhandlösungen sollten Sie vermeiden.

- Einzahlungen per Scheck sollten Sie nie leisten. Schecks dienen meist dazu, die spätere Rückverfolgung des Geldlaufs zu erschweren.

13. Wie der Fiskus bei der Besteuerung Ihrer Geldanlagen zulangt

Bis zur Einführung der Abgeltungsteuer ab dem Veranlagungsjahr 2009 war es als Anleger Ihre Sache, private Kapitaleinkünfte in der Steuererklärung anzugeben. Damit ist jetzt Schluss. Die Abgeltungsteuer ist eine Quellensteuer, die von der Bank ermittelt, einbehalten und anonym an den Fiskus abgeführt wird.

Bei allen zinstragenden Geldanlagen ergibt sich daraus insbesondere für Hochbesteuerte eine beachtliche Entlastung. Die Abgeltungsteuer beträgt nämlich einschließlich Solidaritätszuschlag „nur" 26,38 %. Legt man einen Einkommensteuer-Spitzensatz von 45 % plus Soli zugrunde, sind das immerhin fast 20 Prozentpunkte weniger als bisher.

Die einschneidendste Verschlechterung ist jedoch die generelle Besteuerung von Kursgewinnen. Die Gewinne aus der Veräußerung aller Wertpapiere, die nach dem 31.12.2008 angeschafft wurden, unterliegen der Abgeltungsteuer. Bisher waren Veräußerungsgewinne in der Regel steuerfrei, wenn das Papier länger als ein Jahr gehalten wurde. Bei Einkäufen ab 2009 spielt die Haltedauer keine Rolle mehr.

Mit der Abschaffung der Spekulationsfrist hat der Finanzplatz Deutschland einen seiner wenigen Vorteile verloren. Die Aktienkultur hat darunter erheblich gelitten. Wenig bekannt ist, dass diese Steuer dem Staat durch die Lobbyisten der Versicherer geradezu aufgedrängt worden ist. Mit dem Ziel, die Wettbewerbsfähigkeit der Lebensversicherungen, deren Erträge seit 2005 generell zu versteuern sind, zu verbessern. Nur zu gern hat sich die Regierung darauf eingelassen, alle Sparformen steuerlich angeblich gleich zu behandeln. Was aber so nicht stimmt. Es geht vielmehr darum, bei den als gierig eingestuften Aktionären Gewinne abzuschöpfen. Ein Beleg dafür:

Immobilien und Immobilienfonds sind schon früher privilegiert. Private Veräußerungsgeschäfte sind nach Ablauf von zehn Jahren steuerfrei. Bei Gold, Antiquitäten oder auch Kunst können Sie bereits nach Ablauf eines Jahres Gewinne steuerfrei einstreichen oder sich durch Verkäufe steuermindernde Verluste sichern. Als Aktionäre dagegen müssen Sie gerade unter der Abgeltungsteuer immer nur zahlen. Ihre Abzugsmöglichkeiten sind auf den läppischen Sparerfreibetrag von 801 € p. a. begrenzt.

Der Staat torpediert die Aktienkultur

Selbst Besuche bei Hauptversammlungen können Sie steuerlich nicht mehr absetzen. Geht es nach linken Politikern, sollen Spekulationsgeschäfte mit Aktien verboten oder jedenfalls verschärft besteuert werden. Man tut so, als seien Aktionäre für die Krise an den Kapitalmärkten verantwortlich. In erster Linie geht diese jedoch auf die Dummheit der öffentlich-rechtlichen Banken zurück. Deren Vorstände haben durch dilettantische Investitionen in den USA Unsummen unwiderruflich verbrannt – auf Kosten der Steuerzahler. Und in den Aufsichtsräten dieser Banken saßen genau die Politiker, die jetzt anderen die Schuld zuweisen. Traurig ist, dass die Öffentlichkeit dieses Spiel nicht durchschaut. Denn: Wer sein Geld in Aktien investiert, tritt als Risikokapitalgeber auf. Gerade während und nach Krisenzeiten benötigen die Unternehmen dringend mehr Kredite. Soweit sie diese überhaupt noch bekommen, müssen sie dafür deutlich mehr zahlen als bei einer Börsenfinanzierung. Dadurch, dass die deutschen Aktionäre von den Börsen vertrieben werden, sind viele Unternehmen gezwungen, Ölscheichs, Oligarchen und Staatsfonds ins Boot zu holen. Inwieweit diese die Interessen von Unternehmen und Beschäftigten berücksichtigen, bleibt abzuwarten.

Schon jetzt ist sicher, dass die Einführung der Abgeltungsteuer zu volkswirtschaftlichen Schäden führt. Im Prinzip lohnt sich für Private nur noch das kurzfristige Zocken. Immer weniger Aktionäre werden Hauptversammlungen besuchen und dort ihre Kontrollrechte ausüben. Der Aktienkultur als Mittel zum Aufbau von Vorsorgevermögen wurde ein Bärendienst erwiesen.

Die Abgeltungsteuer trifft zudem vor allem die Bürger, die nur ein unterdurchschnittliches Einkommen haben. Diese wären auf Zinseszinseffekte bei langfristigen Sparanstrengungen angewiesen, um überhaupt eine nennenswerte Zusatzrente ansparen zu können. Das wird dadurch verhindert, dass der Staat Jahr für Jahr bei den Gewinnen abschöpft. Wurde bei einkommensschwächeren Steuerzahlern zu viel abgeschöpft, müssen sich diese das Geld über die Steuererklärung zurückholen. Viele verzichten jedoch aus Unwissenheit oder Bequemlichkeit darauf – auch hiervon profitiert dann der Staat.

Teil II

Wie der Fiskus Kapitalanlegern im In- und Ausland nachspioniert –

Die geheimen Informanten-Netzwerke von Finanzverwaltung und Steuerfahndung

1. Steuerfahndung, Grenz- und Postkontrollen

Fall 1: Das Familienfest in der Schweiz

Der Stuttgarter Zahnarzt Friedrich S. und seine Frau Monica fahren auf der A 5 über Basel nach Hause. Der Vater der Frau, der in Küsnacht am Zürcher See wohnt, hatte die ganze Familie zu seinem 75. Geburtstag eingeladen. Wie bei solchen Feierlichkeiten üblich, hatte seine Tochter Monica Teile des wertvollen alten Familienschmucks getragen. Ein Diamantcollier und zwei Brillantringe hat sie auf der Rückfahrt noch angelegt.

Kurz hinter der Autobahnausfahrt Kandern/Lörrach wird der Wagen des Zahnarztehepaares, wie auch andere größere Wagen, von einem uniformierten Zöllner auf einen Parkplatz gewunken. Eine mobile Kontrollgruppe des Zolls befragt dort Reisende, ob sie die derzeit laufende Baseler Schmuckmesse besucht haben. Was der Zahnarzt und seine Frau wahrheitsgemäß verneinen. Nur: Der Zöllner glaubt dieser Aussage nicht. Es bestehe der dringende Verdacht, dass die von der Frau getragenen Schmuckstücke aktuell in der Schweiz gekauft worden seien.

Den am Körper getragenen Schmuck muss die Frau sofort aushändigen. Ein Zöllner durchsucht die Handtasche, das Reisegepäck und den Pkw. In der Handtasche werden noch eine Brosche und ein Armband gefunden. Auch diesen Schmuck nimmt der Zöllner an sich. Alle Proteste helfen nichts.

Nach einem gut einstündigen Zwangsaufenthalt auf dem Autobahnparkplatz muss das Ehepaar ohne den Familienschmuck nach Hause fahren. Erst nach Wochen gelingt es einem zwischenzeitlich eingeschalteten Anwalt aufgrund von Versicherungsunterlagen und sonstigen Belegen, den Schmuck wieder frei zu bekommen. Wie konnte das passieren?

Ab Juni 1998 sind dem Zoll bundesweit neue Aufgaben übertragen worden. Die Rechtsgrundlagen ergeben sich aus den §§ 12a bis 12d des Zollverwaltungsgesetzes. Diese Vorschriften sind mit dem „Gesetz zur Bekämpfung der Organisierten Kriminalität", besser bekannt als „Großer Lauschangriff", eingeführt worden. Das offiziell verkündete Ziel: „Die Kontrolle des grenzüberschreitenden Bargeldverkehrs zur Bekämpfung der Geldwäsche". Zugleich sind die Fahndungsbeamten aber verpflichtet, auch Informationen, die für andere Straftaten sprechen, an die zuständigen Staatsanwaltschaften weiterzugeben. Im

Klartext: Auch beim Verdacht einer Steuerhinterziehung sind die Beamten zu Meldungen verpflichtet.

Womit Sie bei Kontrollen durch den Zoll rechnen müssen

Dieser Fall aus der Praxis hat sich vor einigen Jahren abgespielt. Damals galt nur eine Dienstvorschrift für den Zoll, nämlich das oben genannte Zollverwaltungsgesetz. Am 15.06.2007 ist daneben eine EU-Verordnung in Kraft getreten. Je nachdem, wo Sie in eine Zollkontrolle geraten, können zwei Dienstvorschriften zur Anwendung kommen.

Handelt es sich um eine innergemeinschaftliche Kontrolle, müssen Sie Bargeld ab 10.000 € nur auf Nachfrage angeben. Auch mitgeführte Edelmetalle, Edelsteine sowie elektronisches Geld sind bei der Addition zu berücksichtigen. Als Bargeld gelten zudem Münzen aus Edelmetallen, soweit sie gesetzliche Zahlungsmittel sind.

Bei einer innergemeinschaftlichen Kontrolle hätte es für die Familie also eigentlich keine Probleme geben dürfen. Da sie jedoch aus der Schweiz ausreiste, wurde sie an einer EU-Außengrenze kontrolliert. Bei solchen Kontrollen hat sich die Rechtslage durch das Inkrafttreten einer EU-Verordnung seit dem 15. Juni 2007 verkompliziert.

Wenn Sie jetzt in die Schweiz fahren oder aus der Schweiz kommen, unterliegen Sie der Anmeldepflicht für Barmittel. Zu den Barmitteln zählen neben Bargeld auch Schecks, Aktien und sonstige mitgeführte Wertpapiere. Edelmetalle oder Edelsteine erfasst die entsprechende EU-Verordnung nicht. Dennoch hat sich der Zoll auch nach neuem Recht beim Vorgehen gegen die Reisenden rechtmäßig verhalten. Denn:

Geht der Zoll davon aus, dass Edelmetalle oder Edelsteine in der Schweiz erworben worden sind, könnte ein Gesetzesverstoß vorliegen. Wertgegenstände dieser Art sind zollrechtlich anzumelden, da darauf Einfuhrabgaben erhoben werden. Führen Sie etwa Goldmünzen aus der Schweiz ein, kann sich für Sie eine doppelte Anmeldepflicht ergeben: Zum einen wegen der Einfuhrabgaben, zum anderen, wenn Goldmünzen gesetzliche Zahlungsmittel sind. Wird so die 10.000-€-Grenze überschritten, besteht ebenfalls die Pflicht zur vorherigen Anmeldung. Das Merkblatt zur Anmeldepflicht von Barmitteln, die bei Ein- und Ausreise in die bzw. aus der Gemeinschaft jetzt zwingend von Ihnen zu beachten ist, finden Sie im Anhang 1 zu diesem Buch.

Wer jetzt mit mehreren Personen in die Schweiz reist, könnte daran denken, die Barmittel entsprechend aufzuteilen. Jede Person führt also weniger als 10.000 € mit sich, so dass die Anmeldepflicht entfällt. Davon rate ich jedoch ab. Denn:

Bei der für den Zoll zuständigen Oberfinanzdirektion Koblenz will man das bei Pkw-Fahrten in die Schweiz nicht tolerieren. Dabei wird der Standpunkt vertreten, dass auf jeden Fall der Pkw-Fahrer die Gesamtsumme mit sich führe. Eine vorherige Anmeldung sei erforderlich, wenn er wisse, dass die 10.000-€-Grenze überschritten sei. Auf den Reiseanlass – ob privat oder geschäftlich – komme es dabei nicht an. Auch die Eigentumsverhältnisse am Geld seien unbeachtlich.

Ich rechne damit, dass endgültige Klarheit erst Gerichtsurteile bringen werden. Denn: Zieht etwa eine Familie in die USA, sei es laut Zoll nicht zu beanstanden, wenn jede Person die Barmittelgrenze für sich voll ausschöpfe. Reisende in die Schweiz werden meines Erachtens damit diskriminiert.

Das Merkblatt, das seit Juni 2007 das Mitführen von Bargeld im innergemeinschaftlichen Reiseverkehr betrifft, ist als Anhang 2 zu diesem Buch beigefügt. In Anhang 3 finden Sie das Merkblatt zu Bargeldkontrollen. Da die Kontrollen an jedem Ort in der Bundesrepublik möglich sind, sollten Sie sich mit den Inhalten vertraut machen, wenn Sie größere Bargeldbestände mit sich führen.

Episode zum Abschluss

Bei Bargeldkontrollen im grenznahen Bereich könnten Sie an Betrüger geraten. Vier Fälle sind bisher bekannt geworden, in denen Reisende mit einer Zollanhaltekelle gestoppt wurden. Vorgelegt wurde dann ein Dienstausweis des Hauptzollamts Trier, das es jedoch seit 2002 nicht mehr gibt. Die Betrüger gaben sich als Zivilfahnder aus, die die Aufgabe hätten, Bargeld vorübergehend einzuziehen. Das Geld könne am Folgetag bei einer Zolldienststelle wieder abgeholt werden.

Auch wenn es sich bisher lediglich um Einzelfälle handelt, sind Sie jetzt vor falschen Zöllnern gewarnt. Echte Zöllner tragen auch bei Kontrollen Uniform und sind meist mit grün-weißen Dienstwagen unterwegs. Auf Verlangen der Reisenden müssen sich die Beamten mit ihren Dienstausweisen legitimieren.

Fall 2: Die Schneckenpost aus Italien

Der Wirtschaftsprüfer Peter S. aus Hamburg entschließt sich spontan, ein paar Tage Kurzurlaub im Tessin zu machen. Einige eilige Terminsachen, die zu bearbeiten sind, und sein Diktiergerät nimmt er mit. Die gleich nach der Ankunft besprochenen Kassetten inklusive der nicht ersetzbaren Geschäftsunterlagen gibt er am nächsten Morgen während eines Ausflugs nach Como/Italien zur Post. Seine Sekretärin wird übermorgen im Büro sein, um die termingebundenen Briefe zu schreiben und sofort zu verschicken. Nur: Erst elf Tage später wird die Post aus Italien zugestellt. Was ist passiert?

Auch Briefe, die aus dem Ausland nach Deutschland kommen, werden vom Zoll stichprobenweise kontrolliert. Insbesondere dickere Umschläge wecken das Interesse der Fahnder und werden häufig überprüft. Die Öffnung erfolgt nicht unmittelbar vor Ort, sondern bei der Zollverwaltung in Speyer. Deshalb können Beschlagnahmungen dieser Art durchaus bis zu 14 Tage dauern.

Begründet werden diese Kontrollen in erster Linie mit der Suche nach Betäubungsmitteln oder größeren Bargeldbeträgen. Der Zoll gehört aber zugleich zur Steuerverwaltung. Deshalb interessieren neben Kontoauszügen auch alle Bankunterlagen. Manche ausländischen Banken verschicken ihre Unterlagen daher in neutralen, mit Briefmarken frankierten Umschlägen. Diese können aber auch jederzeit zufällig in eine Zollkontrolle geraten und bieten somit gegen Ausforschungen keinen absoluten Schutz. Benutzen ausländische Banken regelmäßig die gleichen Absenderadressen, können selbst neutrale Briefe gezielt aussortiert werden.

Nur Bleibepost im Ausland sichert bei Geldanlagen die Diskretion

Allerdings fordern die meisten Banken für derartige Postfächer oder Postmappen eine Gebühr. Zudem sollte auch Bleibepost regelmäßig eingesehen werden, um keine Reklamationsrechte gegenüber der Bank zu verlieren. Werden Kontoauszüge aus Gründen der Diskretion gleich vor Ort in der Auslandsbank vernichtet, sind eventuelle Falschbuchungen nicht mehr ohne Weiteres feststellbar.

Auch bei Betrug oder Unterschlagung durch kriminelle Bankmitarbeiter ergeben sich Beweisprobleme. So ist Ende 2001 der Direktor einer Schweizer Großbank aufgeflogen, der Kundengelder in zweistelliger Millionenhöhe zur Seite geschafft hatte.

Die Geschäftsunterlagen des Hamburger Wirtschaftsprüfers sind eher zufällig in die Kontrolle des Zolls geraten. Dennoch wird er Mandanten-Unterlagen bzw. Kassetten, deren Inhalt Mandanten betrifft, nie mehr mit der Post aus dem Ausland nach Deutschland schicken. Denn: Auch Wirtschaftsbeziehungen von Mandanten, die steuerlich von Interesse sind, könnten durchaus im Zuge einer weitergehenden Zollkontrolle ausgeforscht werden. Wer Unterlagen aus dem Ausland zugeschickt bekommt, kann deshalb nie sicher sein, dass ihn diese Post tatsächlich ungeöffnet erreicht. Unbeabsichtigt können auf diese Weise selbst gut gemeinte Zuwendungen wie Geschenke die Empfänger ins Schwitzen bringen. So geschehen vor einigen Jahren durch eine Schweizer Bank, die ihren Kunden in Deutschland als Weihnachtspräsent eine Armbanduhr zugeschickt hatte. Deshalb: Wo es um wirklich vertrauliche Unterlagen geht, sollten Sie auf postalische Zusendung nicht nur verzichten. Stellen Sie zugleich auch sicher, dass man Sie nicht ungefragt mit Zusendungen aus dem Ausland beglückt.

Besondere Aufmerksamkeit ist geboten, wenn Sie Depots im Ausland führen lassen. Die Abrechnungen ausländischer Banken sollten Sie immer genau und möglichst zeitnah überprüfen. So beträgt etwa in der Schweiz die Widerspruchsfrist nur einen Monat. Sie beginnt mit Belegausstellung. Liegt nach vier Wochen kein schriftlicher Widerspruch vor, gelten die Abrechnungen meist als genehmigt. Wer seine Kontoauszüge und Abrechnungen von der Bank verwahren lässt, kann sein blaues Wunder erleben: Ohne „Sondervereinbarungen" können Belege bereits nach einem Jahr vernichtet werden.

In Sachen Widerspruchsfrist dieser Fall: Eine Schweizer Bank hatte häufig in Rentenfonds umgeschichtet. Die Ausgabeaufschläge für die bankeigenen Fonds betrugen über 18.000 sfr. Erstattung wurde verweigert. Mit der lapidaren Begründung, dass die Widerspruchsfrist verstrichen sei.

In einem anderen Fall hatte eine Kundenbetreuerin versäumt, eine große Summe als Termingeld anzulegen. Auf dem laufenden Konto wurde das Geld über ein Jahr lang mit nur 0,5 % verzinst. Der Kunde rügte. Die Bank verwies auf die abgelaufene Widerspruchsfrist bei den Saldomitteilungen für das laufende Konto.

Kunden, die mit solchen Vorfällen konfrontiert werden, sollten diese Bankbeziehung sofort beenden. Die gepriesene Diskretion ist nichts wert, wenn Banken so kaltschnäuzig mit Anlegern umspringen. Also Achtung! Solche Vorfälle können der Preis der Bleibepost sein.

2. Betriebsprüfungen und Kontrollmitteilungen

Fall 3: Die Luxemburg-Falle

„Reisen bildet ... Kapital." Dieser Werbespruch seiner Hausbank kam dem Münchener Apotheker Hubert K. 1998 wie gerufen. Alle absetzbaren Freibeträge waren längst ausgeschöpft. Über 50 % betrug sein persönlicher Steuersatz. Und jetzt sollte er auf seine Zinserträge noch 25 % Steuern zahlen. Sicherlich: Seine Frau hatte Bedenken, ob die gut 500.000 DM Anlagekapital in Luxemburg wirklich sicher aufgehoben waren.

Nach dem Gespräch mit dem Bankberater waren diese Zweifel aber ganz schnell verflogen. Luxemburg als Bankplatz sei bombensicher und darüber hinaus dem Zugriff des deutschen Fiskus entzogen. Das Geld werde schließlich anonymisiert überwiesen. Noch am gleichen Tag löste Hubert K. das Wertpapierkonto auf. Der Gesamtbetrag wurde von der Bank zusammen mit sonstigen Geldern anonym nach Luxemburg transferiert. Beruhigt ging Hubert K. nach Hause und ahnte nicht einmal, dass er jetzt bereits in der Steuerfalle saß. Wie das?

Auch Banken unterliegen gemäß Abgabenordnung (AO) der Außenprüfung. Bereits 1993 hat das Bundesfinanzministerium bestimmt, dass die Steuerbehörden jederzeit Zugriff auf „Konten pro Diverse" haben, über die Tafelgeschäfte ebenso wie bankinterne Verrechnungen laufen.

Über ein solches zentrales Verrechnungskonto ist auch das Geld von Hubert K. nach Luxemburg überwiesen worden. Diese Abwicklungskonten können im Zuge jeder steuerlichen Prüfung bei Kreditinstituten uneingeschränkt von den Prüfern eingesehen werden.

Zudem ist ein Betriebsprüfer in jedem Fall berechtigt, Kontrollmitteilungen zu fertigen, wenn er bei der Prüfung von bankinternen Konten feststellt, dass Bankkunden, obwohl sie dort ihre Geldkonten führen, Tafelgeschäfte außerhalb dieser Konten in anonymer Form abwickeln, also in Form von Bargeschäften. Aus der anonymen Abwicklung lässt sich dann ein steuerstrafrechtlicher Anfangsverdacht ableiten (Bundesgerichtshof mit Urteil vom 2.8.2001, Az. VII B 290/99). Mit der Folge, dass deutsche Banken solche Geschäfte heute nicht mehr abwickeln.

Bei Steuerstraf- oder Bußgeldverfahren werden die Banken automatisch auskunftspflichtig. Schon 1997 hat der Bundesfinanzhof ausdrücklich bestätigt: Bei Nachfragen müssen Banken Auskunft geben. Zulässig sind Auskunftsverweigerungen nur, wenn jeder Anhaltspunkt für steuerliche Umstände fehlt. Kommt es später zu einem finanzgerichtlichen Verfahren, können Bankmitarbeiter als Zeugen befragt werden. Dieser Personenkreis hat kein Zeugnisverweigerungsrecht.

Im März 2009 hat der Bundesfinanzhof erneut tief in die Privatsphäre der Bürger eingegriffen. Banken dürfen den Finanzämtern Kontodaten ihrer Kunden auch dann weiterleiten, wenn kein strafrechtlicher Verdacht auf Steuerhinterziehung vorliegt. Es reiche aus, „wenn das zu prüfende Bankgeschäft Auffälligkeiten aufweist, die es aus dem Kreis der alltäglichen und banküblichen Geschäfte hervorhebt". Kontrollmitteilungen an das Finanzamt über einzelne Kunden seien zudem bei einer auffälligen Geschäftsentwicklung erlaubt, „die dazu verlockt, solche Einkünfte dem Finanzamt zu verschweigen".

Das Bankgeheimnis ist damit noch löchriger geworden, als es ohnehin schon war. Im Urteilsfall waren bei einer Außenprüfung hohe Schadenersatzforderungen eines Bankkunden für Wertpapierfehlkäufe aufgefallen. Diese hatte die Bank in einem Aufwandskonto aufgelistet. Daraus hatten die Prüfer geschlossen, dass der Bankkunde über mehr Kapitalvermögen verfügt als in seiner Steuererklärung angegeben. Insgesamt 34 Fälle wurden zwecks Kontrollmitteilung herausgepickt. Fiskalische Belange, so stellt der BFH jetzt dazu klar, haben Vorrang vor dem Schutz des Bankkunden.

Das Finanzamt darf sich nicht nur auf „konkrete Erfahrungen für bestimmte Gebiete" berufen. Mehr noch: Die „allgemeine Erfahrung" der Beamten reicht aus, um Kontrollmitteilungen zu rechtfertigen. Im Urteilsfall war dem nicht Genüge getan. Der BFH gibt deshalb Hinweise, worauf dabei abzustellen ist. Sollte das Finanzgericht diese Gesichtspunkte würdigen, wären die 34 Kontrollmitteilungen wohl legal. Im Einzelnen:

Wenn es wiederholt zu Schadenersatzleistungen gekommen sei, spreche das für „Transaktionsaktivität". Bei räumlicher Distanz zwischen Wohnort und Sitz der Bank sei Verschleierungsabsicht nicht auszuschließen. Zufallsfunde bei Banken sollten Prüfer mehr untermauern, beispielsweise durch Auslandsüberweisungen. Auch Hinweise auf weitere Depots oder Strohmann-Geschäfte werden als hinreichende Anlässe genannt.

Dieses Urteil ist das Einfallstor, um Sie als Bankkunden künftig noch stärker zu kontrollieren als bisher. Ihr Schutzanspruch wird auf unverhältnismäßige Eingriffe durch unbegrenzte Datenerhebung beschränkt. Das genügt laut BFH, um den Kernbestand des Bankgeheimnisses zu wahren.

Bei Durchsuchungen verhalten sich Banken meist sehr kooperativ

Denn: Die Bank kann die drohende Beschlagnahme von Bankunterlagen und Zufallsfunden bei anderen Kunden dadurch abwenden, dass sie alle Kundenunterlagen, soweit sie von der Steuerfahndung verlangt werden, freiwillig herausgibt.

Dies betrifft auch „Vollmachtskonten bzw. -depots". Werden die Banken von der Steuerfahndung aufgefordert darzulegen, ob und welche Vorgänge für Beschuldigte über ein Konto pro Diverse oder ähnliche bankinterne Konten (Sammel-, Unter- bzw. Zwischenkonten) in dem bezeichneten Zeitraum abgewickelt wurden, werden sie meist Auskunft geben.

Bei Ermittlungen gegen einzelne Bankkunden benennen die Banken auch sämtliche Schließfächer und – soweit bekannt – deren Inhalt sowie sämtliche Bankkonten und Depots, über die Beschuldigte allein oder mit anderen Verfügungsberechtigten wie Verwandten disponiert haben. Dabei werden meist alle Verfügungsrechte über die betroffenen Konten aufgedeckt.

Bankdurchsuchungen sind nicht gerade billig. Müssen die Banken aufgrund der Beschlüsse mikroverfilmte Buchungen in größerem Umfang zur Verfügung stellen, können hohe fünfstellige Bankgebühren anfallen. Diese Gebühren werden von der Steuerfahndung „für den Bankkunden verauslagt" und später als „Kosten der Steuerfahndung" zusätzlich zu der Strafe dem Beschuldigten aufgebrummt.

Insgesamt können die Kosten der Steuerfahndung einschließlich aller Maßnahmen selbst bei Routinefahndungen hohe fünf- bis sechsstellige Beträge erreichen. Den Anhaltspunkt für Steuerhinterziehungen ihrer Kunden haben die Kreditinstitute hier selbst geliefert, indem sie sogar in Zeitungsanzeigen auf die steuerlichen Vorteile des Finanzplatzes Luxemburg hingewiesen hatten. Prompt setzte daraufhin eine ganze Welle von Bankdurchsuchungen ein. Aufgeflogen ist dabei auch Apotheker Hubert K.

Fall 4: Hilfe unter Freundinnen

Die erfolgreiche Architektin Susanne W. erhält einen Hilferuf aus London. Ihre beste Freundin, seit zwei Jahren in England berufstätig, hat die Chance, sich in eine Londoner Werbeagentur einzukaufen. Dafür benötigt sie schnellstens 60.000 €: „Susanne, kannst du mir vorübergehend helfen?" Susanne W., die die Tüchtigkeit ihrer Freundin schätzt, hilft. Sie überweist die 60.000 € nach London. Vier Monate später bekommt sie Post vom Finanzamt. Mit der Aufforderung, genau darzulegen, welche Kapitaleinkünfte ihr aus England und anderen ausländischen Staaten zufließen. Empört sucht die völlig überraschte Susanne W. einen Steuerfachanwalt auf. Ihre Frage: „Muss ich dem Finanzamt tatsächlich antworten?" So sieht das Ergebnis des Gesprächs mit dem Anwalt aus:

Giroausgangskonten werden von Steuerprüfern besonders gern unter die Lupe genommen. Diese Konten dienen der buchmäßigen Erfassung des Überweisungsverkehrs auf Konten bei anderen Kreditinstituten im In- und Ausland. Dem Zugriff der Fahnder sind sie dadurch ausgeliefert, dass der Empfänger im Ausland bei der deutschen Bank nicht „kundenlegitimiert" ist und somit nicht durch das Bankgeheimnis geschützt wird. Es dürfen folglich Kontrollmitteilungen über Geldbewegungen gefertigt werden.

Susanne W. gehört zu den Kunden einer Landesbank, bei der kürzlich eine Betriebsprüfung stattgefunden hat. Dabei hatten die in der Bank tätigen Betriebsprüfer alle Überweisungen von Deutschen nach England und Luxemburg über 50.000 € notiert und den Wohnsitzfinanzämtern gemeldet. Dazu gehörte auch Susanne W., bei der jetzt ein einkommensteuerrechtlich relevanter Vorgang mit Auslandsbezug vermutet wird.

In allen Fällen von Auslandsbeziehungen ergeben sich für betroffene Bürger erhöhte Mitwirkungs- und Aufklärungspflichten. Sie müssen hier die Beweise beschaffen, die für ihre Unschuld sprechen. Die Zumutbarkeitsgrenze dafür kann die Finanzverwaltung weit ausdehnen. Sie kann für Jahre zurück die Vorlage der kompletten Depot- und Kontoauszüge verlangen, die sich Betroffene dann kostenpflichtig bei ihrer Bank beschaffen müssen.

Stellt die Behörde eigene Ermittlungen an und wird ein Steuerhinterzieher überführt, muss der Hinterzieher wie im Fall der Bankdurchsuchungen auch hier die häufig sehr hohen Recherchekosten tragen. Diese werden als „Auslagen" notfalls im Wege der Zwangsvollstreckung eingetrieben. Wie auch die Steuerschuld und alle sonstigen Kosten.

Auch wer häufiger Auslandsschecks im Inland einlöst, muss damit rechnen, zu den Hintergründen befragt zu werden. In solchen Fällen gilt es, Ruhe zu bewahren und zunächst zu prüfen, ob die Überweisungen tatsächlich steuerpflichtig waren. Wenn ja, können alte Steuererklärungen möglicherweise noch korrigiert werden. Ein Gespräch mit einem Fachanwalt oder Steuerberater ist jedoch häufig geboten.

Verweigern Betroffene die Auskunft, dürfen daraus für sie negative Schlüsse gezogen werden. Als besonders folgenschwer erweist sich immer wieder, dass bei Auskunftsverweigerung die Steuerschuld von den Finanzbehörden geschätzt werden darf.

Weitere Fälle, in denen das Bankgeheimnis nicht vor Kontrollmitteilungen schützt:

- Ein Nichtkunde der Bank lässt sich einen Scheck bar auszahlen.
- Ein Kunde der Bank lässt sich einen fremden Scheck bar auszahlen.
- Eingereichte Zinsscheine werden bar ausgezahlt.
- Ein Nichtkunde oder Kunde kauft mit Bargeld Sparbriefe.

Bei bestimmten Auslandsaktivitäten besteht laut § 138 Abs. 2 AO sogar eine Anzeigepflicht. Das betrifft die Gründung und den Erwerb von Betriebsstimmen oder Beteiligungen an ausländischen Gesellschaften. Wer solche Sachverhalte in der darauf folgenden Steuererklärung verschweigt, macht sich einer Ordnungswidrigkeit schuldig. Selbst dann, wenn keine Steuerhinterziehung erfolgt oder beabsichtigt ist.

Im Bundesfinanzministerium hatte man sogar die Ansicht vertreten, dass der Besitz ausländischer Aktien meldepflichtig ist, wenn die Anschaffungskosten 150.000 € überstiegen haben. Das Verschweigen sollte mit 5.000 € Bußgeld bestraft werden. Erst nach einem Jahr hat man diese Rechtsansicht geändert. Die Anzeigepflicht wird bei Börsennotierung eingeschränkt. Sie entfällt, „soweit die Beteiligung weniger als 1 von 100 beträgt“ (BMF Az. IV B 4 – S 1300 – 247/04).

Hätte Susanne W. die Auskunft gegenüber dem Finanzamt verweigert, hätte sie in der Folgezeit mit einem Zwangsgeld rechnen müssen. Selbst Ermittlungen durch die Steuerfahndung bis hin zu Hausdurchsuchungen wären möglich gewesen.

Fall 5: Das diskrete Depot in Österreich

Der Münchener Ingenieur Peter V. hat frühzeitig vorgesorgt. Beruflich häufig in Österreich, lässt er seit Ende der 90er Jahre ein Depot bei einer dortigen Bank führen. Rund zwei Drittel seines Vermögens von 400.000 € sind in Zinspapieren angelegt. Das restliche Drittel in diversen Fonds, die überwiegend in Aktien investieren. Dem Finanzamt in München ist das Depot nicht bekannt. Von der Möglichkeit der Steueramnestie in Deutschland hat Peter V. keinen Gebrauch gemacht. Sein Berater bei der Bank hat ihn unter Hinweis auf das österreichische Bankgeheimnis davon abgehalten.

Anders als der Apotheker im Fall 3 hat der Ingenieur in Deutschland keine Spuren hinterlassen. Von deutschen Konten wurde kein Geld nach Österreich überwiesen. Er erhält auch keine Post von der Raiffeisenbank. Die Erträgnisaufstellungen und Belege sieht er ein- bis zweimal jährlich vor Ort ein. Dann werden diese sofort vernichtet. Dennoch setzt sich Peter V. einer Reihe von Risiken aus.

Dadurch, dass er die österreichischen Zinseinnahmen dem deutschen Fiskus verschweigt, begeht er eine Steuerhinterziehung. Um gerade Fälle dieser Art in den Griff zu bekommen, haben sich die Staaten der Europäischen Union auf die Zinsbesteuerung geeinigt. Danach sind die Mitgliedsstaaten verpflichtet, die Zinsen, die ein EU-Ausländer bei ihnen erzielt, an den jeweiligen Heimatstaat zu melden. Diese grundsätzliche Meldepflicht ist lückenlos ausgelegt. Sie betrifft nicht nur Banken, sondern auch Vermögensverwalter, Treuhänder, Anwälte und Notare.

Dabei ist für die Zinshöhe keine Bagatellgrenze vorgesehen. Selbst wenn nur geringe Einnahmen erzielt werden, sind EU-Länder, die Kontrollmitteilungen machen, zur Meldung verpflichtet.

Von diesem Verfahren ausgenommen sind in einer Übergangszeit Luxemburg, Belgien und Österreich gewesen. Bis zum Außerkrafttreten der Übergangszeit haben sich diese Staaten vorbehalten, keine Meldungen zu machen. Sie führen den Quellensteuerabzug zunächst selbst durch und leiten das Geld an die jeweiligen Heimatstaaten weiter. Laut Vertragstext haben die Kunden von Schweizer Banken ein Wahlrecht. Sie können sich für den automatischen Informationsaustausch oder für die Besteuerung ihrer Zinseinkünfte entscheiden. Dieses Wahlrecht hat sich aber nur das Nicht-EU-Mitglied Schweiz vorbehalten.

Vom starken Widerstand der Schweiz, das dortige Bankgeheimnis aufzuweichen, profitierte zunächst auch Österreich. Einmal durch die Gewährung der Übergangszeit. Ferner hat die Schweiz durchgesetzt, dass die EU-Zinssteuer nur für echte Zinserträge gilt. Dividenden, sogenannte derivative Finanzprodukte oder Lebensversicherungen waren ausdrücklich ausgenommen.

Aber Achtung: Nach deutschem Recht sind auch Dividenden zu versteuern, selbst wenn diese im Ausland ausgezahlt werden und nicht dem Datenaustausch unterliegen.

So wie Peter V. sein österreichisches Depot ausgerichtet hat, entkommt er der EU-Zinssteuer jedoch nicht. Das heißt: Österreich wird mit Inkrafttreten der EU-Regelung die Zinsen versteuern. Nach Ablauf der siebenjährigen Übergangsfrist werden die Zinseinnahmen der Meldepflicht unterliegen.

So wurde in den ersten drei Jahren nach Inkrafttreten der EU-Zinsrichtlinie ein Steuersatz von 15 % auf die Zinseinkünfte erhoben. Seit Juli 2008 sind es 20 %. Ab Juli 2011 soll sich der Steuersatz auf 35 % belaufen.

Ganz klar wird die österreichische Bank Peter V. zwischenzeitlich geraten haben, das Depot so umzustellen, dass keine steuerpflichtigen Zinseinkünfte mehr anfallen. Damit würde sich die Steuer- und spätere Meldepflicht erübrigen.

Indes: Ob sich damit alle Ansatzpunkte für den deutschen Fiskus erledigt haben, wird eine spannende Frage, warne ich schon seit Jahren im *Deutschen Wirtschaftsbrief*. In früheren Auflagen dieses Buches ist wörtlich nachzulesen: „Das Bankgeheimnis, wie es vor allem die Schweiz, Luxemburg und Österreich praktizieren, bleibt für eine Reihe von EU-Mitgliedern ein Ärgernis. Sie haben bereits klargestellt, dass sie weiter gehen möchten, als es bisher erreicht worden ist."

Im Frühjahr 2009 hatte ich das wie folgt ergänzt: „Die vorgesehenen sieben Jahre sind nicht mehr als eine Übergangsfrist. Zwar verpflichtet sich die Schweiz lediglich zur Überprüfung, nicht aber zu einem Resultat. Es ist aber davon auszugehen, dass die EU die Schweiz unter Druck setzen wird. Sollte diese dann nachgeben, müssen auch Luxemburg und Österreich zurückstecken. Zum politischen Druck auf die Schweiz wird es garantiert kommen, da die vielen Lücken bei der Zinsbesteuerung Staaten wie Deutschland nicht die erhofften Einnahmen bringen werden. Durch diesen Druck könnten bisher diskrete Konten oder Depots doch in den Blick des deutschen Fiskus geraten. Wo das geschieht, können die Beamten dann bis zu zehn Jahre zurück die Vorlage entsprechender Belege fordern."

Steuerhinterzieher in der Auslandsfalle

Seit April 2009 haben sich die Ereignisse förmlich überschlagen. Auf deutschen und französischen Druck hin hatte der G20-Gipfel in London beschlossen, eine Liste der in Sachen Steuern unkooperativen Staaten zu veröffentlichen. Zeitgleich brachte der damalige Bundesfinanzminister Peer Steinbrück die Gesetzesinitiative gegen Steuerhinterziehung und Steueroasen ins Rollen. Im Steuerhinterziehungsbekämpfungsgesetz werden die Mitwirkungs- und Nachweispflichten bei Geschäftsbeziehungen zu sogenannten unkooperativen Staaten erheblich verschärft. Kein Staat hatte Interesse daran, auf der „schwarzen Liste" zu landen. Alle bisherigen Steueroasen in Europa sind dazu bereit, sich den OECD-Standards zu unterwerfen und dies in entsprechenden Doppelbesteuerungsabkommen zu verankern. Danach leistet die Schweiz künftig Amtshilfe auch bei mutmaßlicher Steuerhinterziehung und nicht nur bei Steuerbetrug. In Österreich, wo das Bankgeheimnis bisher Verfassungsrang hatte, wurde die Verfassung abgeändert: Meldet der deutsche Fiskus einen begründeten Verdacht auf Steuerhinterziehung an, kommt das Bankgeheimnis dort nicht mehr zur Anwendung.

Schon lange zuvor hatte ich im *Deutschen Wirtschaftsbrief* auf eine Besonderheit hingewiesen, die Österreichs Banken deutschen Anlegern verschwiegen haben: Anders als die Schweiz war Österreich bereits vorher zu Auskünften bereit. Nämlich dann, wenn im Heimatland ein Strafverfahren wegen Steuerhinterziehung eingeleitet worden war. Dann wurde auch schon in der Vergangenheit Rechtshilfe geleistet. Hätte man gegen Peter V. also ein Strafverfahren eingeleitet, wäre auch das diskrete Depot in Österreich aufgeflogen.

In Schwierigkeiten könnte sich Peter V. auch dadurch bringen, dass er alle Depotunterlagen gleich vor Ort vernichtet.

Vor allem Anleger, die Depots bei Banken im Ausland unterhalten, sollten alle Kontenbewegungen genau kontrollieren. Gleichgültig, ob es sich um Kontoauszüge, Zinsabschlüsse, Depotverzeichnisse oder Vermögensaufstellungen handelt. Gerade wenn Ausländer diskrete Konten führen, ist die Gefahr der Übervorteilung viel größer als für Einheimische. Man kann deshalb nur darüber staunen, mit welcher Unbekümmertheit selbst Jahresabschlüsse zur Kenntnis genommen werden. So haben mir Anwälte im Zusammenhang mit Zinsanlagen diesen Trick österreichischer Banken geschildert:

Geworben wird mit Sparbüchern, die sehr attraktive Zinsen bieten. Meist ist das Angebot allerdings befristet auf nur ein Jahr. Nach Ablauf der Zinsbindungszeit haben die dortigen Kreditinstitute weitgehend freie Hand. Erfolgt keine weitere Zinsvereinbarung mit dem Sparer, können die Banken bis auf 0,25 % heruntergehen. Denn: Mehr brauchen österreichische Banken und Sparkassen Anlegern nicht zu garantieren. Einen Deutschen, der das reklamierte, verwies die Bank auf einen entsprechenden Vorbehalt in den Allgemeinen Geschäftsbedingungen. Zusätzlich wurden nach Jahresablauf pauschal „Auflösungsgebühr und Spesen“ kassiert.

Gerade ausländische Konten sollten Sie deshalb ständig überwachen und die Ausstattungsmerkmale kontrollieren. Bei den Depotauszügen sollten Sie genau überprüfen, ob alle Positionen tatsächlich verbucht worden sind. Anlass besteht auch nachzurechnen, ob die Bank die Dividendenerträge korrekt ausgewiesen hat. Einige Banken setzen geradezu darauf, dass solche Kontrollen ganz unterbleiben.

Als Offenbarung kann sich regelmäßig die Analyse der Vermögensaufstellung und -entwicklung erweisen. Vor allem dann, wenn beim Ausweis der Ergebnisse die Gebühren nicht berücksichtigt sein sollten. In diesen Fällen müssen Sie die Gebühren und Spesen selbst einrechnen, um den Anlageerfolg beurteilen zu können. Das wird in vielen Fällen Anlass zu einem klärenden Gespräch mit der Bank geben.

Auch die Erben von deutschen Sparern mit Zinsanlagen in der Alpenrepublik sollten auf der Hut sein. Sofort nach Feststellung entsprechender Bankverbindungen sollten die Konditionen überprüft werden. Für besonders missbrauchsgefährdet halten Anwälte frühere anonyme Konten. Hier hätten Österreichs Banken in Sachen Selbstbedienung quasi freie Hand.

Nicht zu unterschätzen ist auch das Betrugsrisiko bei ausländischen Konten und Depots. Spektakuläre Fälle sind überwiegend aus der Schweiz bekannt geworden. Ein erhöhtes Risiko besteht aber auch in Österreich. Dort ist zumindest nicht auszuschließen, dass betrügerische Bankmitarbeiter die fehlende Kontrolle von Bankauszügen für sich ausnutzen.

So hatte ein Mitarbeiter einer Schweizer Kantonalbank hohe Bareinzahlungen seiner deutschen Kunden nur handschriftlich quittiert. Monatelang fiel nicht auf, dass er auf diese Weise beträchtliche Summen in die eigene Tasche abzweigte. Kunden, die reklamierten, wurden mit Ausreden vertröstet. Jetzt haben diese Kunden ein Problem. Denn: Die tatsächlich geleisteten Einzahlungen finden sich in der Buchführung der Bank nicht wieder.

Deshalb mein Rat: Bei Einzahlungen sollten Sie darauf bestehen, diese auf offiziellen Bankformularen bestätigt zu bekommen. Verlassen Sie sich bei Auslandskonten auch nie auf nur mündliche oder telefonische Auskünfte. Zahlen Sie Barbeträge ein, lassen Sie sich sofort ein offizielles Einzahlungsformular aushändigen. Kontrollieren Sie alle Umbuchungen oder Abhebungen möglichst zeitnah.

Stoßen Sie auf Ungereimtheiten, sollten Sie sich nicht mit den Aussagen Ihres Kundenbetreuers begnügen. Wenden Sie sich zwecks umgehender Aufklärung der Sache sofort an die Filialleitung der Bank. Kommen Sie auch dort nicht weiter, können Sie mit einer Beschwerde bei der Direktion drohen.

Fall 6: Unversteuerte Zinsen und verschwiegene Mieteinnahmen

Der niedersächsische Rentner Rudolf R. hat für den Ruhestand vorgesorgt. Knapp 1.500 € beträgt seine Rente. Gut 300.000 € hat er seit 2005, auf drei inländische Banken verteilt, als Festgeld angelegt. Das Kapital stammt aus einer ausgezahlten Lebensversicherung. Steuererklärungen hat er zwar regelmäßig abgegeben, die Zinseinkünfte aber „vergessen". Wie auch monatliche Mieteinnahmen in Höhe von 250 €: Nach dem Tod seiner Ehefrau hatte er die Souterrain-Wohnung an einen Studenten sowie eine von ihm nicht benutzte Garage an einen Nachbarn vermietet. Dieser zahlt monatlich bar. Die Eltern des Studenten überweisen die Miete ohne Angabe eines Verwendungszwecks auf ein von R. eigens dafür eingerichtetes Konto. Da bei R. der Grundfreibetrag von 7.664 € klar überschritten ist, lebt er gefährlich.

Neue Kontrollmöglichkeit: Der Kontenabruf

Mit der Verabschiedung des 4. Finanzmarktfördergesetzes hat die neue Allfinanzaufsicht Zugriff auf alle in Deutschland geführten Bankkonten. Unter dem Deckmantel der Geldwäschebekämpfung wurde eine Suchmaschinerie installiert, in der viele Steuersünder hängen bleiben dürften. Denn mit der Verabschiedung des Gesetzes erfolgte zugleich die Einführung des § 24c in das Kreditwesengesetz (KWG).

Es hat die deutschen Banken und Sparkassen seit dem 01.04.2003 verpflichtet, ein Datenabrufsystem einzuführen und zu betreiben. Seit diesem Zeitpunkt übermitteln die Kreditinstitute der Bundesanstalt für Finanzdienstleistungsaufsicht (BaFin) die Kontostammdaten aller Personen, zu denen sie Geschäftsbeziehungen unterhalten und bei denen sie ein sogenanntes Legitimationsverfahren durchgeführt haben. Das bedeutet, die Bankkunden mussten – wie üblich – ihre persönlichen Daten (vollständigen Namen, Geburtsdatum, Wohnsitz) nachweisen, z. B. durch Vorlage ihres Personalausweises. Auch das Post-Ident-Verfahren, mit dem sich Banken im Internet die Identität ihrer Kunden nachweisen lassen, stellt eine Legitimationsprüfung dar.

In dem Datenabrufsystem erfasst sind sämtliche Konten und Depots, die am Stichtag 01.04.2003 bestanden bzw. seit diesem Datum eröffnet wurden. Weiterhin umfasst es auch solche Konten und Depots, die ab 01.04.2003 zwar nicht mehr bestanden haben, für die die zehnjährige Aufbewahrungsfrist der Unterlagen der Legitimationsprüfung für die Kreditinstitute aber noch nicht abgelaufen war. Das betrifft also alle Konten und Depots, die Sie 1993 und später eröffnet haben bzw. für die Sie 1993 und später von jemand anderem eine Vollmacht erhalten haben.

Folgende Daten kann das Finanzamt bei einem Kontenabruf abfragen:

- Nummern der Konten und Depots, für die Sie eine Legitimationsprüfung durchlaufen haben (s.o.),
- Name und Anschrift eines wirtschaftlich Berechtigten außer Ihnen selbst,
- Tag der Einrichtung der Konten oder Depots,
- ggf. Tag der Auflösung der Konten oder Depots.

Nicht ermitteln kann die Finanzverwaltung bei einer Kontenabfrage hingegen Ihre Kontobewegungen und Kontostände. Diese Angaben werden dem Finanzamt aber dennoch bekannt gegeben, wenn es Sie zuvor um Offenlegung gebeten hat, Sie dieser Aufforderung aber nicht nachgekommen sind.

Auch andere Stellen als die Finanzverwaltung haben auf die erfassten Daten Zugriff. So sind Kontenabfragen auch bei vermuteten Leistungserschleichungen möglich. Das betrifft z.B. Fälle von Sozialhilfe, Leistungen aus der gesetzlichen Kranken-, Unfall- und Rentenversicherung, soziale Wohnraumförderung, Ausbildungsförderung, Wohngeld, Erziehungsgeld oder Leistungen zur Unterhaltssicherung. Die entsprechenden Behörden können die zuständige Finanzbehörde um Amtshilfe (unter die auch ein Kontenabruf fällt) bitten. Das Ergebnis ist der für die Transferleistung zuständigen Behörde mitzuteilen. Der gläserne Bürger ist damit perfekt.

Eine gegen die Praxis der Kontenabfragen eingelegte Verfassungsbeschwerde ist abgewiesen worden. Laut Bundesverfassungsgericht haben Ihre

Kontostammdaten keine „besondere Persönlichkeitsrelevanz“ (Az. 1 BvR 1550/03). Nur in einem Punkt untersagt das Gericht den Behörden die Schnüffelei ausdrücklich: Sie dürfen nicht „routinemäßig“ oder „ins Blaue hinein“ abrufen.

Bis Ende 2008 konnten die Finanzämter die Abfrage so gut wie unkontrolliert nutzen, um so nicht erklärte Kapitaleinkünfte aus früheren Jahren aufzuspüren. Seit 2009 gilt die Abgeltungsteuer. Man sollte meinen, dass die Kontenschnüffelei per elektronischer Abfrage damit weitgehend überflüssig wird. Das ist jedoch nicht der Fall. So kann die Steuerfahndung sich weiterhin auf eine Erlaubnis zur Kontenabfrage stützen, da sich das aus dem Kreditwesengesetz ergibt. Seit 2009 ist lediglich gesetzlich festgelegt, in welchen Fällen für normal tätige Finanzbeamte die Kontenabrufmöglichkeit besteht. Für die Finanzämter sieht das wie folgt aus:

Danach können weiterhin die Steuerpflichtigen kontrolliert werden, die ihre Kapitaleinkünfte statt der Abgeltungsteuer der allgemeinen tariflichen Einkommensteuer unterwerfen. Das empfiehlt sich, wenn der persönliche Steuersatz unter 25 % liegt. Auch wenn Sie Sparguthaben oder Wertpapier-Depots auf Kinder übertragen, werden sich die Finanzämter dafür interessieren. In allen Fällen, in denen den Banken eine Nichtveranlagungs-Bescheinigung vorgelegt wird, behält sich der Fiskus Nachforschungen vor.

Der Kontenabruf ist auch vorgesehen, wenn es um die Inanspruchnahme bestimmter steuerlicher Vorteile geht, die von der Höhe des Gesamtbetrages der Einkünfte abhängig sind. Das kann in folgenden Fällen relevant sein:

Beim Abzug für Spenden, deren abziehbarer Höchstbetrag auf 5 % des Gesamtbetrags der Einkünfte begrenzt ist; beim Kinderfreibetrag, der von der Höhe der eigenen Einkünfte des Kindes abhängt; bei außergewöhnlichen Belastungen, von denen eine zumutbare Eigenbelastung in Prozent der Gesamteinkünfte abzuziehen ist; bei der Unterstützung naher Angehöriger, die eigene Einkünfte erzielen.

Schaltet sich die Steuerfahndung ein, ergibt sich für diese die Abrufmöglichkeit aus dem Kreditwesengesetz. Zulässig bleibt der Kontenabruf auch in einem Steuervollstreckungsverfahren, wenn sich das Finanzamt zum Zweck der Pfändung Kenntnis über das Vorhandensein von Konten verschaffen will. Voraussetzung ist aber, dass ein Auskunftsersuchen an den Steuerpflichtigen nicht zum Ziel geführt hat oder keinen Erfolg verspricht. Beachten Sie:

Seit 2009 ist der Kontenabruf der Finanzämter auf die vorstehend genannten Fälle beschränkt. Sollte es auch in anderen Fällen zu einem Kontenabruf kommen, kann ein Rechtsmittel eingelegt und ein Verwertungsverbot beantragt werden.

Vor einem Abrufersuchen sind die Finanzämter bereits heute verpflichtet, den Betroffenen auf diese Möglichkeit hinzuweisen. Das muss nicht ausdrücklich geschehen, sondern kann auch allgemein in amtlichen Vordrucken oder Merkblättern erfolgen. Geschieht es ausdrücklich und stimmt der Steuerzahler nicht zu, dann kann das Finanzamt die Einkommensverhältnisse schätzen.

Nach einem Kontenabruf ist der Betroffene darüber zu benachrichtigen. Diese Benachrichtigung unterbleibt, „soweit sie die ordnungsgemäße Erfüllung der in der Zuständigkeit des Ersuchenden (Beamten) liegenden Aufgaben gefährden würde." Gemeint sind damit geplante Vollstreckungen. So weit ist es bei R. noch nicht. Ihm, wie auch vielen anderen bessergestellten Rentnern, steht aber Ärger ins Haus.

Rentner im Visier

Im Jahr 2008 haben alle natürlichen Personen ihre bundeseinheitliche Steuernummer mitgeteilt bekommen. Name, Anschrift, Geschlecht, Geburtsdatum und Geburtsort werden bis zu 20 Jahre nach dem Tod gespeichert. Alle steuerlich relevanten Vorgänge können so jederzeit jedem Steuerpflichtigen klar zugeordnet werden. Die Ersten, die ins Visier des Fiskus geraten, sind Rentner, die zusätzliche Einkünfte erzielen.

Den Weg dahin eröffnet das „Rentenbezugsmitteilungsverfahren". Es erfasst lückenlos alle Alterseinkünfte. Das Finanzamt hat Einblick in gesetzliche und private Rentenbezüge. Auch Auszahlungen von Lebensversicherungen und Betriebsrenten werden erfasst und den Steuerakten automatisch zugeordnet.

Als Datum für den erstmaligen Versand der Rentenbezugsmitteilungen hat man bis nach der Bundestagswahl 2009 abgewartet. Ab dem Veranlagungsjahr 2009 erfolgt die Übermittlung regelmäßig bis zum 1. März des Folgejahres. Die erste Rentenbezugsmitteilung wird die Veranlagungsjahre 2005 bis 2008 erfassen.

Sollte das Finanzamt im Fall von Rudolf R. misstrauisch werden, bekommt er ein Problem. Denn: Es wird ihn dazu auffordern, alle Einkünfte offenzulegen. Misstraut der Veranlagungsbeamte den Angaben von R., wird er die zentrale Datei für alle Bankkonten einsehen. R. muss dann erklären, was es mit den Konten auf sich hat. Steuernachzahlungen inklusive 6 % Verzinsung kommen auf ihn zu. Zusätzlich dürfte er wegen Steuerhinterziehung bestraft werden.

Fall 7: Hurra, wir haben geerbt!

Siegfried und Edeltraud M. können sich freuen: Der kinderlose Onkel Siegfrieds, bis zu seinem Tod Inhaber eines Bauunternehmens in Bochum, hat sie sowie einen Neffen als Erben seines Privatvermögens eingesetzt. Zur Erbmasse gehören laut handschriftlichem Testament ein repräsentatives, ca. 900.000 € teures Einfamilienhaus nebst Einrichtung sowie Wertpapiere im Wert von 150.000 €. Für den Facharbeiter Siegfried und seine derzeit arbeitslose Frau ist das schon ein riesiges Vermögen.

Damit nicht genug: Bei Durchsicht der Unterlagen des Onkels stellen die drei Erben fest, dass der Verstorbene bei der örtlichen Sparkasse ein Schließfach hat. Darin finden sie zu ihrer großen Überraschung eine Sammlung wertvoller Goldmünzen, 100.000 US-Dollar in bar sowie Kontoauszüge einer Schweizer Bank, die ein Guthaben von 500.000 Franken ausweisen. In der Steuererklärung des Onkels finden sich zu diesen Vermögenswerten keine Angaben. Was sollen die drei Erben mit diesem Fund tun?

Selbst mit dem Tod endet die Kontrolle der Bürger durch unseren Staat noch nicht. Die Erbschaftsteuer-Finanzämter sind verpflichtet, die Wohnsitz-Finanzämter der Erben zu informieren. Behördenintern besteht die Anweisung, selbst kleinere Vermögensübertragungen zu melden, damit dem Finanzamt bei der schenkung- und erbschaftsteuerlichen Zusammenrechnung bloß nichts entgeht.

Das Ehepaar sowie der Neffe können also sicher sein, dass der Übergang des Einfamilienhauses sowie des offiziellen Wertpapiervermögens in Höhe von 150.000 € in den Steuerakten der für sie zuständigen Finanzämter vermerkt wird. Wird ein Erbschein erteilt, müssen die Gerichte dies dem Finanzamt anzeigen. Mehr noch: Das Finanzamt könnte sich auch für die Ausstattung des geerbten Hauses interessieren. Hausrat ist „in normalem Umfang" erbschaftsteuerfrei. Als normal gelten für Erben ersten Grades – also Ehegatten und Kinder – 40.000 €. Für sonstige Gegenstände und Sachwerte kommen nochmals 10.000 € Freibetrag hinzu. Für andere Erben reduzieren sich diese Freibeträge auf 10.000 €.

Um den Wert der Hinterlassenschaft besser beurteilen zu können, lassen sich die Finanzbeamten bisweilen die Policen der Hausratversicherungen vorlegen. Um auf diese Weise zu überprüfen, ob in der Erbmasse Vermögen versteckt ist, das über die Freibeträge hinausgeht.

Was das Vermögen im Bankschließfach betrifft, wird es besonders heikel. Aller Wahrscheinlichkeit nach ist davon auszugehen, dass es sich um Schwarzgeld handelt, das dem Finanzamt bislang verborgen geblieben ist.

Auch für Fälle dieser Art hat der Fiskus vorgesorgt: Das für den Verstorbenen zuständige Finanzamt soll untersuchen, ob tatsächlich alle Erträge versteuert wurden. Der Prüfungszeitraum beträgt zehn Jahre. Die Verjährung beginnt aber meist erst zwei Jahre nach Beendigung des jeweiligen Steuerjahres. Das Finanzamt kann in Einzelfällen deshalb Steuern bis zu zwölf Jahre nachberechnen. Sind auch nur Teilbeträge nicht gemeldet worden, wird inklusive Zinsen nachversteuert.

Nur: In der Praxis haben die Finanzämter nicht genug Kapazitäten, um allen Erbschaftsteuerfällen auf den Grund zu gehen. Ergeben sich jedoch Anhaltspunkte, die eine Steuerhinterziehung größeren Stils möglich erscheinen lassen, können die daraus resultierenden Nachforschungen unangenehm werden.

Meldepflicht bei Todesfällen

Eine der wohl größten Einschränkungen des Bankgeheimnisses regelt das Erbschaftsteuergesetz. Danach müssen Kreditinstitute und Versicherungen dem Finanzamt sämtliche Vermögensgegenstände des Erblassers am Todestag melden. Die Meldepflicht gilt für:

- Kontoguthaben und Spareinlagen,
- Wertpapierdepots,
- Schließfächer,
- Lebensversicherungssummen, Sterbefallversicherungen und Verträge zugunsten Dritter auf den Todesfall,
- Bausparverträge,
- Umschreibungen von Namensaktien.

Bei Beträgen unter 2.500 € kann die Meldung unterbleiben. Überschreitet der Nachlass bestimmte Wertgrenzen, werden Kontrollmitteilungen für die Wohnsitzfinanzämter von Verstorbenen und Erwerbern erstellt.

Das ist der Fall, wenn für den gesamten Nachlass ein Reinvermögen von mehr als 250.000 € vorhanden ist. Bei Kapitalvermögen reicht bereits ein Betrag in Höhe von 50.000 € aus.

Im Todesfall werden auch die Konto- und Depotnummern, die ansonsten nicht erfragt werden dürfen, detailliert aufgelistet. Die Finanzbehörde erfährt nicht nur Kontostände, sondern auch, zu welchen Banken Geschäftsverbindungen bestanden.

Durch die Vorlage von Testamentsabschriften erfährt das Finanzamt häufig von sonstigen Vermögensgegenständen. Tauchen wertvoller Schmuck, Münzen, Medaillen, Briefmarkensammlungen oder sonstige Luxusgegenstände im Testament auf, erfährt das Amt ganz zwangsläufig davon. Bei wertvollem Besitz werden die Erben möglicherweise mit der Frage konfrontiert, mit welchen Mitteln dieses Vermögen angeschafft wurde.

Im Fall des verstorbenen Onkels mit Wohnsitz in Bochum ist das Risiko gründlicher steuerlicher Ermittlungen besonders groß. Die Steuerfahndung und auch die Staatsanwaltschaft in Bochum gehören zu den ideenreichsten Behörden im Bundesgebiet, wenn es darum geht, Steuerhinterziehungen aufzudecken. Längst sind sie auf die Idee gekommen, Schließfachbenutzern auf die Finger zu schauen. Der Ansatzpunkt:

Alle Banken führen Buch über Besucher des Schließfachbereichs

Bochums Steuerfahnder werten die Einlasskarten von Safe-Besuchern aus. Wer zeitnah zu Schließfachbesuchen größere Wertpapierdispositionen getätigt hat, wird für die Steuerfahnder dadurch interessant. Es ist nicht auszuschließen, dass im Fall des verstorbenen Onkels ein solcher Abgleich noch nachträglich erfolgt. Dass der Erblasser ein Schließfach gehabt hat, ist dem Bochumer Finanzamt spätestens mit dem Todesfall bekannt geworden. Grund:

Wie bereits geschrieben, müssen Banken auch beim Tod eines Schließfachinhabers Meldung an das Finanzamt machen. Für den Inhalt des Schließfachs eines Bauunternehmers werden sich die Finanzbeamten garantiert interessieren. Der Baubereich wird als extrem schwarzgeldträchtige Branche eingestuft. Die Erben des Bauunternehmens müssen sich folglich darauf einstellen, schon bald zum Inhalt des Safes befragt zu werden. Über die Fahndungsrisiken bei Safes im In- und Ausland informiere ich Sie im Anhang 4.

Wer Schwarzgeld erbt, lebt gefährlich

Dafür, dass der Onkel höchstwahrscheinlich Steuern hinterzogen hat, können die Erben strafrechtlich nicht belangt werden. Mit dem Tod des Erblassers treten sie aber an seine Stelle. Sie werden Eigentümer des im Safe verborgenen Vermögens. Damit erben sie auch alle steuerlichen Pflichten. Daraus ergeben sich diese Konsequenzen:

Melden die Erben die nicht unbeträchtliche Hinterlassenschaft im Schließfach, müssen sie auch darauf Erbschaftsteuer zahlen. Verschweigen sie das Vermögen, machen sie sich selbst der Steuerhinterziehung strafbar. Die Strafbarkeit tritt bereits dann ein, wenn der Inhalt des Schließfachs nicht in der Erbschaftsteuererklärung erscheint.

Werden die Einkünfte auch später steuerlich nicht erklärt, wird dies bei Entdecken der Hinterziehung das Strafmaß noch erhöhen. Entscheiden sich die Erben für den legalen Weg, müssen sie auch für die Steuerhinterziehung des Onkels nachzahlen. So kann für die zurückliegenden zwölf Jahre Einkommensteuer fällig werden. Auf diese Summe fallen zusätzlich 6 % Hinterziehungszinsen pro Jahr an. Inklusive Erbschaftsteuer dürfte sich das im Safe hinterlassene Vermögen so auf etwa 1/3 reduzieren.

Auch wenn es deshalb naheliegt, diesen Fund zu verschweigen, müssen sich die Erben darüber klar sein, dass sie damit den Weg in die Illegalität einschlagen. Das Risiko einer späteren Aufdeckung wird noch dadurch erhöht, dass neben dem Ehepaar der Neffe beteiligt ist. Je mehr Personen von einer Steuerhinterziehung wissen, desto riskanter wird das Verschleiern. Ein weiterer Aspekt:

Kommt es zu Streit in Hinterziehungsgemeinschaften, können sich die Erben gegenseitig erpressen. So könnte beispielsweise der Neffe bei einem Streit über die Vermögensverteilung damit drohen, dem Finanzamt die Hinterziehung anzuzeigen. Das hätte für ihn den Vorteil, wegen einer Selbstanzeige straffrei auszugehen. Siegfried und Edeltraud M. müssten damit rechnen, zusätzlich zu einer hohen Geldstrafe verurteilt zu werden.

Deshalb tun die Erben gut daran, das Vermögen im Schließfach nicht stillschweigend zu kassieren. Wenn sie diesen Fund dem Finanzamt zur Kenntnis bringen, haben sie sogar die Chance, mit den Beamten über den Besteuerungszeitraum zu verhandeln. Insbesondere wenn sich nicht nachweisen lässt, woher dieses Vermögen des Onkels stammt und wann er selbst mit der Steuerhinterziehung begonnen hat.

Dann können die Erben auch das, was nach Abzug der Steuern übrig bleibt, ausgeben, ohne befürchten zu müssen, später vom Finanzamt nach der Herkunft des Vermögens befragt zu werden. Diese wird bei größeren Investitionen, wie etwa einem Hausbau, von Finanzämtern durchaus überprüft, und zwar über die Vermögenszuwachsrechnung.

Dabei gehen die Prüfer davon aus, dass kein Steuerzahler mehr ausgeben kann, als ihm zur Verfügung steht. Ist das aber der Fall, werden andere, den Finanzbehörden bisher unbekannte Einkunftsquellen vermutet. Auch wenn Prüfer auf einen unverhältnismäßig hohen Privatverbrauch stoßen, löst dies häufig konkrete Nachforschungen aus.

Selbst die Käufer teurer Autos müssen damit rechnen, dass dieser Kauf bei einer Betriebsprüfung im Autohaus erfasst wird. Ein Facharbeiter wie Siegfried M. könnte da ganz schnell auffallen.

Routinemäßig finden Prüfungen des Vermögens beim Kauf und Verkauf inländischer Grundstücke statt. Denn: Voraussetzung für die Eintragung in das Grundbuch ist die Unbedenklichkeitsbescheinigung, die jeder Notar unter Beifügung einer Kaufvertragsabschrift beim Finanzamt einreichen muss. Gestützt darauf kann gezielt bei Grundstückskäufern nachgefragt werden, mit welchen Mitteln der Kauf finanziert wird. Bei Grundstücksverkäufern kann später nachgefragt werden, was sie mit dem Verkaufserlös gemacht haben.

3. Anonyme Anzeigen und Hausdurchsuchungen

Fall 8: Der Schreck in der Morgenstunde

Der niedersächsische Möbelfabrikant Uwe P. sitzt noch am Frühstückstisch. Es ist 7.05 Uhr. Sein 9-jähriger Sohn Malte verabschiedet sich gerade von der Mutter, um sich auf den Schulweg zu machen. Plötzlich klingelt es an der Haustür. Die Rottweilerhündin Susi rennt freudig bellend zur Tür, um den Besucher zu begrüßen. Malte öffnet und erschrickt: Vor der Tür stehen drei Männer in Zivil und ein bewaffneter Polizist. Dieser fordert, die Hand an der Pistole, Malte barsch auf, den Hund sofort anzuleinen. Die Männer in Zivil marschieren gleich durch ins Wohnzimmer. Einer davon weist sich als Staatsanwalt, die anderen beiden als Mitarbeiter der Steuerfahndung aus. Der Staatsanwalt präsentiert Uwe P. einen richterlichen Durchsuchungsbeschluss. Die Tatvorwürfe: Beschäftigung illegaler Arbeitskräfte, Verkürzung von Gewinnen, Urkundenfälschung sowie Bildung unversteuerter Schwarzgelder.

Inzwischen kommen zwei weitere Mitarbeiter der Finanzverwaltung ins Haus. Uwe P. wird aufgefordert, Brieftasche, Portemonnaie und Autoschlüssel herauszugeben. Als das Telefon klingelt, darf seine Frau drangehen. Der Anrufer ist der Pförtner des Möbelwerks. Er teilt mit, dass die Steuerfahndung dort soeben mit der Durchsuchung der Büroräume begonnen habe.

Im Familienhaus von Uwe P. zieht sich die Hausdurchsuchung bis 17.00 Uhr hin. Vom Keller bis zum Dachgeschoss werden alle Räume durchsucht. Im Wohn- und Arbeitszimmer werden alle Bücher aus den Regalen genommen und durchgeblättert, im Schlafzimmer alle Schränke leer geräumt. Selbst der Geräteschuppen im Garten wird durchwühlt. Ein Beamter untersucht sogar, ob in der Regentonne etwas verborgen ist.

Das Ergebnis der häuslichen Durchsuchung: Alle privaten Kontoauszüge werden beschlagnahmt. Darunter alle aufgefundenen Kreditkartenabrechnungen von Reisen nach Spanien. Mitgenommen werden auch diverse Urlaubsfotos, aufgenommen in und vor einem südländischen Ferienhaus sowie von einer Yacht.

Auf Anraten seines sofort konsultierten Anwalts haben Uwe P. und seine Frau die Durchsuchung völlig passiv über sich ergehen lassen und sich im Übrigen auf ihr Aussageverweigerungsrecht berufen.

Die Durchsuchung der betrieblichen Büroräume ist bereits nach zwei Stunden ergebnislos abgebrochen worden. Rechnungen, aus denen sich der Verdacht der Beschäftigung illegaler Arbeitskräfte bestätigen ließe, wurden nicht gefunden, teilt der von Uwe P. in den Betrieb geschickte Anwalt mit.

Wie konnte es zu diesem unliebsamen Vorfall kommen?

Was Uwe P. nicht weiß und sehr wahrscheinlich auch nie erfahren wird: Den Stein ins Rollen gebracht hat ein ehemaliger kaufmännischer Mitarbeiter seines Möbelwerks, dem wegen Unzuverlässigkeit gekündigt worden war.

Dieser Ex-Mitarbeiter hatte sich vor einiger Zeit anonym über das Telefon an das Finanzamt gewandt. Einer seiner Vorwürfe gegen Uwe P.: Dieser habe im Zuge von Erweiterungsarbeiten des Möbelwerks mehrfach auf die Dienste illegaler irischer bzw. britischer Bauarbeiter zurückgegriffen. Diese hätten zu äußerst günstigen Preisen die Parkplätze des Werks asphaltiert und neue Einfahrten angelegt. Die Löhne seien damals bar bezahlt, aber nie verbucht worden.

Die entsprechenden Rechnungen seien aus Furcht vor Nachzahlungen von Steuer- und Versicherungsbeiträgen nicht beim Finanzamt eingereicht worden. Zweifellos habe es sich um Schwarzarbeit gehandelt. Darüber hinaus besitze Uwe P. schon seit längerer Zeit ein großes Ferienhaus in Spanien. Kürzlich habe er sich noch eine Segelyacht namens „Pinto“ für 65.000 € in Marbella zugelegt. Und das, obwohl der Betrieb seit einigen Jahren rote Zahlen schreibe.

Was bei anonymen Anzeigen passiert

Da der entlassene Mitarbeiter konkrete Sachverhalte mit offensichtlicher Detailkenntnis schildert, wird im Finanzamt auf das Telefonat hin eine Ermittlungsakte zu den Tatvorwürfen angelegt. Das geschieht in solchen Fällen selbst dann, wenn Anzeigen anonym erfolgen. Meist hört bei telefonischen Anzeigen ein zweiter Beamter mit, um später gegebenenfalls als Zeuge auftreten zu können. Natürlich wird der das Telefonat entgegennehmende Beamte versuchen, den Anrufer zur Namensnennung zu bewegen. Scheint eine Anzeige aber glaubhaft, wird unabhängig von einer Namensangabe ermittelt.

Der Vorteil für anonym bleibende Anzeiger: Stellen sich die Vorwürfe später als falsch heraus, brauchen sie nicht zu befürchten, wegen falscher Verdächtigung gemäß § 164 StGB belangt zu werden. Ist ein Anzeigender dem Finanzamt bekannt, bleibt er selbst bei zu Unrecht erhobenen Vorwürfen in der Regel straffrei.

Die Begründung: Mit Rückendeckung durch den Bundesfinanzhof berufen sich die Finanzverwaltungen darauf, dass der Name des Anzeigenden durch das Steuergeheimnis gemäß § 30 AO geschützt sei. Nur wenn sich im Nachhinein herausstellt, dass der Anzeigende vorsätzlich wahrheitswidrige Aussagen gemacht hat, kann das Finanzamt diesen Fall an die Staatsanwaltschaft abgeben, muss es aber nicht.

Deshalb wird seitens der Finanzbehörden regelmäßig alles getan, um die Namen von Denunzianten in keinem Fall bekannt werden zu lassen. Die Anzeigen werden von der Behörde gesondert aufbewahrt, damit selbst in den seltenen Fällen von Akteneinsicht im Finanzamt der Anzeigende nicht bekannt wird. Das gilt auch, wenn später ein Steuerstrafverfahren eröffnet wird. Die Anzeigen werden nicht zu den Akten genommen, da der Verteidiger des Beschuldigten diese ja einsehen kann.

Um ganz sicherzugehen, bleibt also auch die Ermittlungsakte Uwe P. in den Räumen der Steuerfahndung. Der für Uwe P. zuständige Veranlagungsbeamte weiß zunächst nichts von den anonym geäußerten telefonischen Vorwürfen. Das Telefonat mit dem Ex-Mitarbeiter wird auf Band aufgezeichnet. Über alle Angaben werden Aktenvermerke gefertigt. So geht es im Fall des Uwe P. weiter:

Damit ein interner bzw. externer Vergleich leichter möglich ist, wird der Prüfungs-Vorbereitungsbogen von der Steuerfahndungsstelle unter der Steuernummer des angeschwärzten Steuerpflichtigen ausgefüllt und eine „Auftragsnummer“ vergeben. Im Vorfeld der Durchsuchung werden insbesondere die schon bekannten oder ermittelten allgemeinen Angaben des Steuerpflichtigen registriert. Ferner werden systematisch sämtliche Wohnungen und Nebenwohnungen mit Telefonnummern sowie alle vorhandenen Haushaltsmitglieder ermittelt, außerdem auch die Kfz-Kennzeichen und Fahrzeugtypen. Sämtliche Betriebsstätten, Zweigbetriebe, Niederlassungen und Büros mit Telefonnummern, Beschäftigten und Gemeindeanschrift werden ebenso erfasst. Im Vorfeld ausgewertet werden oft auch die erklärten Gewinne vergangener Jahre sowie Ermittlungen anderer Behörden.

Auch etwaigen Auslandsbeziehungen des Steuerpflichtigen wird nachgegangen. Was im Fall des Uwe P. eine besonders Erfolg versprechende Spur ist. Vor allem, wenn Yacht oder Ferienhaus in Marbella unter seinem Namen laufen.

Natürlich werden auch Grund- und Privatvermögen einschließlich aller verfügbaren Konten, Bankschließfächer, Antiquitäten etc. erfasst. Ebenso der Lebensstil zwecks Schätzung der Lebenshaltungskosten sowie die Schulden und mögliche Steuerrückstände. Gelegentlich hat man vorab sogar die letzten Steuererklärungen im Hinblick auf Ungereimtheiten analysiert, um Anhaltspunkte für spezielle Nachforschungen zu bekommen. Selbstverständlich werden bei Unternehmern und Freiberuflern die ermittelten Zahlen mit den Richtsätzen der betreffenden Branche verglichen.

Zum Inhalt der Fahndungsakte gehören regelmäßig auch Anschrift und Telefonnummer des Steuerberaters. Steuerberater werden häufig in die Fahndung mit einbezogen. Es ist daher höchst gefährlich, verfängliche Unterlagen beim Steuerberater aufzubewahren oder diesem auch nur vorübergehend zu überlassen. Die Steuerfahndung bezieht immer häufiger den Steuerberater mit in die Fahndung ein, weil sie dort Beweisunterlagen vermutet. Bei Uwe P. hält man das für entbehrlich.

Schließlich folgt der Antrag auf Anordnung einer Durchsuchung und Beschlagnahme beim Ermittlungsrichter des zuständigen Amtsgerichts. Zeitgleich wird die Beschlagnahme der sicherzustellenden Beweismittel durch einen entsprechenden gesonderten Antrag vorbereitet. Über die aufgrund dieser Beschlüsse durchgeführten Durchsuchungen wird eine Niederschrift aufgenommen.

Beschlagnahmt wurden bei Uwe P. nur die Ferienfotos, Kontoauszüge und Kreditkartenabrechnungen. Sonstige Unterlagen, die auf Haus- und Yachtbesitz in Spanien hindeuten könnten, wurden bei der Hausdurchsuchung nicht gefunden.

Im Fall von Uwe P. ist es letztendlich nicht zu einer Vollstreckung und auch zu keiner Verurteilung gekommen. Die Durchsuchung im Betrieb hat keine Hinweise geliefert, die auf die Beschäftigung illegaler Mitarbeiter schließen ließen. Für den Großteil der im Werk durchgeführten Arbeiten wurden Rechnungen vorgelegt, wonach in der Region ansässige Unternehmen tätig waren. Das Ermittlungsverfahren ist insoweit gleich eingestellt worden.

Auch der Vorwurf, Schwarzgelder in Spanien angelegt zu haben, hat sich im Nachhinein erledigt. Der Kauf des Ferienhauses lag bereits zwölf Jahre zurück. In dieser Zeit war der Betrieb sehr gut gelaufen. Uwe P. konnte den Nachweis führen, das Haus mit versteuertem Geld erworben zu haben. Bezüglich der Segelyacht in Marbella hat sich im Zuge der Ermittlungen herausgestellt, dass Uwe P. tatsächlich der Eigentümer ist. Er hat dafür umgerechnet sogar 120.000 € bezahlt. Das Geld dafür hatte Uwe P. in den zurückliegenden Jahren an der Börse verdient. Und zwar ganz legal, da er alle Kursgewinne erst nach Ablauf der Spekulationsfrist realisiert hat.

Weil auch die Zinserträge unterhalb der Sparerfreibeträge lagen, haben Uwe P. und seine Frau darauf verzichtet, die Anlage KAP bei der Einkommensteuererklärung auszufüllen. Was normalerweise gegenüber dem Finanzamt den Vorteil hat, dass es den Steuerzahlern nicht vollständig in die Tasche schauen kann. Aber selbst hier sind unbescholtene Bürger unerfreulichen Maßnahmen ausgesetzt, wenn es beispielsweise zu einer anonymen Anzeige kommt.

Eine Checkliste, wie Sie sich bei Hausdurchsuchungen verhalten sollten, ist diesem Buch als Anhang 5 beigefügt.

Fall 9: Den Z. stellen wir an den Pranger

Der liechtensteinischen LGT-Bank wurden die Daten von mehr als tausend deutschen Kunden gestohlen. Soweit das Geld in Stiftungen angelegt war, hatte es im Fürstentum bisher besonderen Schutz genossen: Durch die Einschaltung von Treuhändern treten die Kunden nach außen hin namentlich nicht in Erscheinung. In diesem Fall kaufte der Bundesnachrichtendienst BND eine CD-ROM mit den vertraulichen Stiftungskonten. 4 Mio. € betrug der Kaufpreis. Zugleich verschaffte der Geheimdienst dem Informanten eine neue Identität. Nach Auswertung der Daten legte die Steuerfahndung im Februar 2008 los. Die erste Razzia fand beim damaligen Post-Chef Klaus Zumwinkel statt. Die Szene, wie Zumwinkel abgeführt wird, war viele hundert Mal im Fernsehen zu sehen.

Üblicherweise geht die Steuerfahndung gegen eine Vielzahl Verdächtiger gleichzeitig und überraschend vor. Hier jedoch wurde ein Einzelfall vorgezogen und der prominenteste Verdächtige an den Pranger gestellt. Andere Steuerhinterzieher sollten auf diese Weise unter Druck gesetzt und verunsichert werden – in der Erwartung, dass es so zu besonders vielen Selbstanzeigen kommen würde.

Das Vorgehen von Steuerverwaltung und BND wirft zahlreiche Fragen auf. So wurde die CD-ROM in Hehlermanier mit Steuergeldern aufgekauft. Ob die darauf befindlichen Daten strafrechtlich überhaupt verwertbar sind, muss noch gerichtlich geklärt werden. Im Prozess gegen Zumwinkel und andere Steuerhinterzieher hat diese Frage allerdings keine Rolle gespielt, da sich die Angeklagten kooperationsbereit gezeigt haben. Mit diesem Nebeneffekt:

Zumwinkel und Andere müssen nicht ins Gefängnis. Der einstige Top-Manager wurde im Januar 2009 zu einer Bewährungsstrafe von zwei Jahren sowie einer Geldbuße im Umfang der ihm im Prozess vorgeworfenen Steuerhinterziehung von 970.000 € verurteilt. Zusätzlich hat Zumwinkel nicht nur die innerhalb der Verjährungsfrist seit 2002 hinterzogenen Steuern von knapp 1 Mio. € sofort nachbezahlt, sondern insgesamt 3,9 Mio. €. Diese hatten sich seit 1997 aus Kapitalerträgen der verborgenen Familienstiftung summiert.

Dennoch hat das Urteil viele überrascht. Denn: Im Dezember 2008 hatte der Bundesgerichtshof ein Grundsatzurteil zur Strafzumessung bei Steuerhinterziehung gefällt (Az. 1 StR 416/08). Die Kernaussagen der Entscheidung lassen sich wie folgt zusammenfassen:

Ein besonders schwerer Fall der Steuerhinterziehung ist regelmäßig bei einem Hinterziehungsbetrag von mehr als 50.000 € anzunehmen.

Bei einer bloßen Gefährdung des Steueranspruchs soll eine Wertgrenze von 100.000 € gelten.

Hinterziehungsbeträge von mehr als 500.000 € bis zu 1 Mio. € führen in der Regel zur Verhängung einer Bewährungsstrafe.

Bei Hinterziehungsbeträgen von mehr als 1 Mio. € kommt eine Aussetzung der Freiheitsstrafe zur Bewährung nur bei Vorliegen besonders gewichtiger Milderungsgründe in Betracht. Die Quintessenz aus dem Urteil gegen Zumwinkel ist jedoch:

Für die Bemessung der Strafe wurden die hinterzogenen Steuern nicht einfach addiert. Vielmehr wurde jede Tat getrennt beurteilt. Der höchste hinterzogene Betrag pro Jahr lag somit unter 200.000 €. Als strafmildernd wurden zudem das Geständnis, die früheren Verdienste des Managers sowie der Umstand angeführt, dass nur ein kleiner Teil der gesamten Steuerschuld hinterzogen worden war. Konkret: Bei den in Liechtenstein geparkten Geldern handelt es sich um Vermögen aus einer Erbschaft, das 1986 dort versteckt worden war und zuletzt „nur" 11,9 Mio. € betrug. Seine viel höheren Einnahmen als Top-Manager hingegen hat Zumwinkel jährlich korrekt versteuert.

Um Zumwinkel und andere Spitzenverdiener härter bestrafen zu können, wurden zwischenzeitlich die Höchstgrenzen für Geldstrafen angehoben. Bis 1975 hatte der Höchstbetrag für Tagessätze bei Geldstrafen 5.000 € betragen. Er ist jetzt auf bis zu 30.000 € erhöht worden. Basis ist das Nettoeinkommen. Die Höhe des Satzes richtet sich nach dem, was dem Straftäter im Schnitt pro Tag zur Verfügung steht.

Die Anzahl der Tagessätze soll das Ausmaß des begangenen Unrechts und die Höhe der Schuld widerspiegeln. Bei einer Einzeltat können maximal 360, bei mehreren Taten höchstens 720 Tagessätze verhängt werden. Die höchstmöglichen Geldstrafen betragen danach 10,8 Mio. € bei Einzel- bzw. 25,6 Mio. € bei Mehrfachtätern.

Fall 10: Leistungsträgerüberwachung durch das Steuerhinterziehungsbekämpfungsgesetz

Claudius M. ist Geschäftsführer einer florierenden Software-GmbH. Er verdient sehr gut. Im Laufe der Jahre hat sich M. mehrere Mietobjekte zugelegt. Sein Anlageberater hatte ihm vor dem jüngsten Börsencrash geraten, sein umfangreiches Aktiendepot zu verkaufen. Angelegt wurde das Geld überwiegend in Anleihen und offene Immobilienfonds. Sämtliche Einkünfte hat M. immer ordnungsgemäß und vollständig in seiner Steuererklärung deklariert. Kürzlich rief ihn sein Steuerberater an: „Claudius, wir müssen uns unterhalten. Du hast jetzt ein Problem mit dem Steuerhinterziehungsbekämpfungsgesetz." Wie das?

Um Leistungsträger der Gesellschaft noch besser kontrollieren zu können, sind im Zuge des Steuerhinterziehungsbekämpfungsgesetzes ab 2010 zusätzliche steuerliche Aufbewahrungspflichten eingeführt worden. Bei den nichtselbstständig Tätigen betrifft das in erster Linie Manager von größeren Unternehmen sowie GmbH-Geschäftsführer. Konkret: Personen, deren positive Einkünfte aus Vermietung und Verpachtung, Kapitalvermögen, sonstigen Bezügen oder Arbeitslohn mehr als 500.000 € pro Kalenderjahr betragen, müssen – wie ein Gewerbetreibender – alle Belege über Einnahmen und Ausgaben aufbewahren und sechs Jahre lang archivieren. Geregelt ist das im neuen § 147 a der Abgabenordnung (AO).

Achtung! Sofern im Rahmen einer auch bei Privatpersonen möglichen Betriebsprüfung eine Verletzung der Aufbewahrungspflicht festgestellt wird, kann das ein Verzögerungsgeld von 2.500 bis 250.000 € zur Folge haben. Das unterstreicht, wie groß das Misstrauen des Fiskus ist. Zum Vergleich: Wer gegen die zweijährige Aufbewahrungspflicht bei privaten Handwerkerrechnungen verstößt, wird mit maximal 500 € Bußgeld bestraft.

Bisher brauchte Claudius M. Belege mit privatem Charakter nicht aufzuheben. Erzielt er jetzt jedoch Einkünfte über 500.000 €, treffen ihn umfangreiche Aufzeichnungspflichten. Er muss alle Einnahmen- und Ausgabenbelege aufbewahren. Und das sechs Jahre lang. Dazu gehören auch die Bankauszüge von Konten, auf denen beispielsweise Mieten oder andere steuerpflichtige Einnahmen eingehen oder von denen Werbungskosten bargeldlos überwiesen werden.

Auf diese Neuerungen will der Steuerberater den Geschäftsführer im persönlichen Gespräch hinweisen. Sein Rat wird lauten, eine strikte Trennung zwischen privater Kontoführung und etwa der Kontoführung für die Vermietungsobjekte vorzunehmen.

Offenlegung des Lebensstils

Das Archivieren von Belegen ist das zentrale Thema. Es wird für viele der Prüfungskandidaten Neuland sein. So manchen dürfte es auch überraschen, dass sich die Beamten nicht nur für die Einnahmen, sondern ebenso akribisch für die Ausgaben interessieren. Denn: Betriebsprüfer wollen genau wissen, in welch schöne Dinge die Einnahmen geflossen sind. Rechnungen über teure Reisen, Kunst, Schmuck oder Pkw sollten vorsorglich vorgelegt werden können. Prüfer achten genau darauf, ob der Verdienst sowohl mit den Angaben in der Steuererklärung übereinstimmt als auch zum Lebensstil passt. Im Klartext: Wer trotz eines hohen Verdienstes über mehrere Jahre keine steigenden Zinseinkünfte vorweisen kann, dürfte Probleme bekommen, wenn er keinen entsprechenden Lebensstil pflegt. Wer hingegen Ausgaben für teure Reisen oder Schmuck belegen kann, ist beim Finanzamt aus dem Schneider. Dank der immer ausgefeilteren Nachforschungsmethoden lassen sich Unstimmigkeiten schnell aufspüren.

Lückenhafte Aufzeichnungen und fehlende Belege können zu empfindlichen Steuernachzahlungen führen. Zum einen streichen die Prüfer dann auch nach Jahren noch Werbungskosten, die zunächst anerkannt worden waren. Zum anderen sind Hinzuschätzungen möglich, wenn die Angaben in der Steuererklärung unglaubwürdig sind. Das Finanzamt ist berechtigt, auch Einkommensteuerbescheide aus früheren Jahren zu ändern. Denn sobald ein Fall für die Außenprüfung vorgesehen ist, werden die Bescheide mit dem „Vorbehalt der Nachprüfung" versehen.

Die Aufbewahrungspflicht beginnt mit dem Jahr, welches auf das Kalenderjahr folgt, in dem ein Betroffener erstmals positive Überschusseinkünfte in Höhe von 500.000 € oder mehr hatte. Wurde diese Grenze auch nur einmal überschritten, sind die Belege ab dem darauffolgenden Jahr fünf Jahre lang zu sammeln. Also auch dann, wenn die Einnahmen später wieder deutlich zurückgegangen sind. Zudem: Zur Ermittlung der Wertgrenzen dürfen nur die positiven Überschusseinkünfte herangezogen werden. Selbst wenn Claudius M. mit den Mietobjekten erhebliche Verluste einfahren würde, bleibt es bei der Aufzeichnungspflicht, sobald er durch private Spekulationsgeschäfte mehr als 500.000 € erzielt.

Wenn der Außenprüfer kommt

Auch in der Vergangenheit hat es bereits Außenprüfungen bei Privatleuten gegeben. Bisher war aber immer ein besonderer Grund nötig, um Gutverdiener zu durchleuchten. Beispielsweise größere Immobilientransaktionen bei Vermietern oder zahlreiche Auslandsdienstreisen bei Angestellten. Eine besondere Begründung ist für eine Betriebsprüfung neuer Art nicht erforderlich. Der Gesetzgeber hat Vermögende prüfungstechnisch den Unternehmen gleichgestellt. Den Anlass dafür lieferte eine Rüge des Bundesrechnungshofs, dass Spitzenverdiener nur unzureichend überprüft würden. Die Aufbewahrungspflicht ist das Einfallstor, um bei Ungereimtheiten auch Kontenabrufe zu starten. Wo ein Prüfer erscheint, wird er möglicherweise tagelang alle Unterlagen und Belege durchforsten.

Prüfer sind – anders als Steuerfahnder – verpflichtet, ihr Kommen anzukündigen. Steuerzahler erhalten deshalb mindestens 14 Tage vor Prüfungsbeginn einen Bescheid, in dem auch Zeitraum und Gegenstand der Prüfung genannt werden. Geprüfte haben also möglicherweise nicht viel Zeit, sich vorzubereiten. Wer positive Einkünfte von mehr als 500.000 € bezieht, kann theoretisch jedes Jahr geprüft werden.

Für die Außenprüfung dürfen auch elektronische Daten herangezogen werden. Das gilt bei der Prüfung von Firmen ebenso wie bei der Prüfung von Privatleuten. Sie sollten sich daher darauf einstellen, dass sich die Prüfer auch Ihren PC oder Laptop anschauen und die Herausgabe elektronischer Daten verlangen können.

Claudius M. hat dennoch gute Chancen, der Aufbewahrungspflicht und der daraus resultierenden Betriebsprüfung in den eigenen vier Wänden zu entgehen. Denn: Bei den Überschusseinkünften gilt das Zuflussprinzip. Die Einnahmen werden erst dann erfasst und versteuert, wenn sie tatsächlich zugeflossen sind. Der Steuerberater wird deshalb gemeinsam mit Claudius M. erörtern, welche Gestaltungsmaßnahmen ergriffen werden können, um die Aufbewahrungspflichten zu vermeiden.

So könnte Claudius M. durch Umschichtungen seiner Kapitalanlagen erreichen, dass ihm Einkünfte erst in späteren Jahren zufließen. Die zeitliche Verlagerung bzw. Streckung ist eine Möglichkeit, um einmalige Spitzen von mehr als 500.000 € auszuschließen. Eine andere wäre die Einkunftsverlagerung auf Kinder oder nahe Angehörige. Diese Möglichkeit kommt für den unverheirateten und kinderlosen Geschäftsführer jedoch nicht in Betracht. Bei Verheirateten verdoppeln sich die 500.000 € übrigens nicht einfach. Die Behörde schaut ganz genau, was jeder Einzelne verdient.

4. Anmerkungen zum Schluss

Das war nur ein kleiner Ausschnitt aus Fällen, wie sie sich in Deutschland jeden Tag wiederholen können. Neid oder Missgunst haben schon in der Vergangenheit häufig eine Rolle gespielt. Je erfolgreicher Sie Ihr Kapital mehren, desto größer ist das Misstrauen. Daran wird sich auch künftig nichts ändern.

Schon der leiseste Verdacht einer Steuerverkürzung kann Sie in die Mühlen der Steuerfahndung geraten lassen. Kommt es sogar zu einem gerichtlichen Verfahren, wird sich das erfahrungsgemäß lange Zeit hinziehen. Der Mittelwert liegt derzeit bei zwei bis drei Jahren.

Daher rate ich Ihnen: Jeder Kapitalanleger sollte Dispositionen so treffen, dass er auch noch Jahre danach ruhig schlafen kann. Deshalb habe ich meinen Lesern immer geraten, private Veräußerungsgewinne möglichst erst nach Ablauf der Spekulationsfrist zu realisieren. Zins- und Dividendeneinnahmen sollten möglichst innerhalb der Sparerfreibeträge bleiben. Werden die Freibeträge überschritten, gibt es zahlreiche legale Möglichkeiten, eine Besteuerung zu vermeiden. Beispielsweise durch Vermögensübertragungen auf Kinder oder andere nahe Angehörige. Zudem können Sie in vielen Fällen Gewinne und Verluste miteinander verrechnen, um so unter den Freigrenzen zu bleiben.

Wer das Risiko eingeht, Steuern zu hinterziehen, sollte sich über die möglichen Folgen im Klaren sein. Nicht nur für sich, sondern auch für seine Erben. Schon heute gehen die Sorgen häufig los, wenn Geld, das in Luxemburg, Liechtenstein oder der Schweiz angelegt ist, plötzlich doch in Deutschland benötigt wird. Jede größere betriebliche Investition wird den Außenprüfern unweigerlich auffallen. Ist Schwarzgeld Teil der Erbmasse, bringt es die Erben in Konflikte.

Bisweilen hilft selbst nicht mal der Rat, es stillschweigend im Ausland zu verjubeln. Größere Investitionen im europäischen Ausland werden, wie der Fall des Unternehmers Uwe P. dokumentiert, in den allermeisten Fällen aufgedeckt. So endet das Schwarzgeld oftmals sinnbildlich in einer Sackgasse. Mir persönlich ist folgender Fall bekannt:

Mehr als 20 Jahre lang hatte der Inhaber eines florierenden Handwerksunternehmens aus dem Süddeutschen sein Geld diskret in die Schweiz geschafft. Mindestens zweimal im Jahr ist er zu seiner Bank in Zürich gefahren und hat sein Depot dort nach und nach aufgestockt. Fast 10 Mio. € waren dort schließlich gebunkert. Das Problem dabei: Keiner weiß, was mit diesem Geld einmal geschehen soll, denn eventuell erforderliche Investitionen in Deutschland können mit dem Geld nicht mehr getätigt werden. Auch Aspekte dieser Art gilt es zu bedenken.

Ich hoffe, dass dieser Mann die einmalige Chance der Steueramnestie von Januar 2004 bis März 2005 genutzt hat, um sein Schwarzgeld zu legalisieren. Ansonsten bleibt nur der Weg einer Selbstanzeige, die aber unbedingt von Experten überprüft werden sollte. Wer eine Selbstanzeige erwägt, sollte daher in jedem Fall einen Rechtsanwalt hinzuziehen.

Anhang

Anhang 1

Merkblatt zur Anmeldepflicht von Barmitteln in Höhe von 10.000 € oder mehr für Reisende, die in das Gebiet der Gemeinschaft einreisen oder aus dem Gebiet der Gemeinschaft ausreisen

Bußgeldbewehrte Anmeldepflicht für Barmittel – was ist zu beachten?

Ab 15. Juni 2007 müssen Reisende, die mit Barmitteln im Gesamtwert von 10.000 € oder mehr aus Staaten, die nicht Mitglied der Europäischen Union sind – sogenannten Drittländern –, einreisen oder in diese ausreisen, ihre mitgeführten Barmittel bei der zuständigen nationalen Behörde anmelden. In Deutschland ist die Anmeldung schriftlich bei der Zollverwaltung abzugeben.

Die Reisenden trifft eine bußgeldbewehrte Anmeldepflicht, die auf Art. 3 der VO (EG) Nr. 1889/2005 des Europäischen Parlamentes und des Rates vom 28. Oktober 2005 basiert und nicht nur in der Bundesrepublik Deutschland, sondern an sämtlichen Außengrenzen der Europäischen Union gilt.

In Deutschland ist es Aufgabe der Zollverwaltung, die Einhaltung der Pflicht zur Anmeldung von Barmitteln durch Kontrollen zu überwachen.

Bei Nicht- oder Falschanmeldung von mitgeführten Barmitteln drohen empfindliche Geldbußen bis zu einer Million €.

Was soll mit einer Anmeldepflicht an den EU-Außengrenzen erreicht werden?

Ziel einer Anmeldepflicht an den EU-Außengrenzen und der Kontrollen der Zollverwaltung ist es, dem Anstieg von Geldbewegungen aus illegalen Quellen über die Außengrenzen hinweg vorzubeugen und das Einfließen von Erlösen aus Straftaten in die europäische Gemeinschaft noch wirksamer zu verhindern und zu verfolgen (Verhinderung und Verfolgung der Geldwäsche).

Darüber hinaus sollen Personen, die in Kontakt mit terroristischen Vereinigungen stehen und hohe Geldbeträge mit sich führen, identifiziert und das von ihnen mitgeführte Geld sichergestellt werden, um so eine grenzüberschreitende Finanzierung des Terrorismus zu unterbinden.

Die Pflicht zur Abgabe einer Anmeldung und die Kontrollen der Zollverwaltung bedeuten keine Einschränkung des freien Kapitalverkehrs. Barmittel dürfen auch in Zukunft weiterhin in unbeschränkter Höhe genehmigungsfrei mitgeführt werden.

So kommen Sie Ihrer Anmeldepflicht nach:

Was sind Barmittel, die angemeldet werden müssen?

Zu den Barmitteln zählen Bargeld, aber auch Schecks (Reiseschecks), Zahlungsanweisungen, Solawechsel, Aktien, Schuldverschreibungen und fällige Zinsscheine (sogenannte Kupons).

Wie erfolgt die Anmeldung, welche Angaben sind zu machen?

Die Anmeldung ist schriftlich abzugeben. Anmeldevordrucke erhalten Sie von Zollbediensteten und finden Sie auf der Homepage der Zollverwaltung unter www.zoll.de.

Wenn Sie Barmittel im Wert von 10.000 € oder mehr mit sich führen, haben Sie Angaben zu Ihrer Person, zum Reiseweg und zum Verkehrsmittel zu machen. Zudem müssen Sie angeben, welchen genauen Betrag Sie mit sich führen und erklären, woher das mitgeführte Geld stammt, wofür es verwendet werden soll und wer Eigentümer und Empfänger des Geldes ist. Es ist erforderlich, die Angaben auf dem von der Zollverwaltung zur Verfügung gestellten Vordruck vollständig und gut lesbar einzutragen.

Wo ist die Anmeldung abzugeben?

Wenn Sie Barmittel im Wert von 10.000 € oder mehr mitführen, haben Sie Ihre schriftliche Anmeldung bei der Zollstelle abzugeben, über die Sie in die Europäische Union ein- oder aus der Europäischen Union ausreisen.

Besonderheiten gelten dabei im Flug-, Bahn- und Schiffsverkehr:

Flugreisende, die über einen internationalen Gemeinschaftsflughafen (z. B. Flughafen Frankfurt am Main) einreisen, haben ihre schriftliche Anmeldung im gekennzeichneten roten Ausgang für anmeldepflichtige Waren abzugeben.

Bei der Ausreise haben Reisende ihre Barmittel bei der jeweils gekennzeichneten Zollstelle des Flughafens schriftlich anzumelden.

Wer über andere als internationale Gemeinschaftsflughäfen (z. B. mit Sportflugzeugen) in die Europäische Union einreist bzw. aus dieser ausreist, muss seine Anmeldung bei der für den benutzten Flugplatz zuständigen Zollstelle abgeben.

Bahnreisende, die aus der Schweiz ein- oder in die Schweiz ausreisen, melden ihre anmeldepflichtigen Barmittel bei Zugkontrollen schriftlich an. Die Zollbediensteten führen die dazu erforderlichen Anmeldevordrucke mit sich und geben den Reisenden Gelegenheit, der Anmeldepflicht nachzukommen.

Reisende, die auf dem **Seeweg** in die Europäische Union einreisen, geben ihre schriftliche Anmeldung bei der für den angelaufenen Zolllandungsplatz zuständigen Zollstelle ab, wenn nicht zuvor eine Schiffskontrolle durch Zollbedienstete stattgefunden hat. In diesem Fall führen die Zollbediensteten Anmeldevordrucke mit sich und geben den Reisenden Gelegenheit, der Anmeldepflicht nachzukommen.

Personen, die auf dem Seeweg aus der Europäischen Union ausreisen, melden ihre anmeldepflichtigen Barmittel bei der für den Zolllandungsplatz zuständigen Zollstelle schriftlich an.

Was geschieht, wenn Sie alle notwendigen Angaben gemacht haben?

Sind die Angaben vollständig und schlüssig und liegen keine Anhaltspunkte für Geldwäsche oder die Finanzierung des Terrorismus vor, können Sie Ihre Reise ungehindert mit Ihrem Geld fortsetzen.

Das Zweitstück der Anmeldung erhalten Sie mit Bestätigung und Unterschrift des/der Zollbediensteten zurück. Es empfiehlt sich, die Durchschrift für die Dauer der Reise aufzubewahren.

Was passiert, wenn Anhaltspunkte für Geldwäsche oder für die Finanzierung einer terroristischen Vereinigung vorliegen?

Bei Zweifeln an den Angaben des/der Reisenden oder bei anderen Hinweisen auf Geldwäsche oder der Finanzierung einer terroristischen Vereinigung werden die mitgeführten Barmittel in zollamtliche Verwahrung genommen und der Sachverhalt aufgeklärt.

Mit welchen Folgen müssen Reisende rechnen, die falsche oder keine Angaben zu mitgeführten Barmitteln machen?

Bei Nicht- oder Falschanmeldung von mitgeführten Barmitteln drohen empfindliche Geldbußen bis zu einer Million €. Die Bußgeldvorschriften ergeben sich aus § 31 b Zollverwaltungsgesetz.

Anhang 2

Merkblatt zur Anzeigepflicht von Bargeld und gleichgestellten Zahlungsmitteln im innergemeinschaftlichen Reiseverkehr

Bußgeldbewehrte Anzeigepflicht für Bargeld und gleichgestellte Zahlungsmittel – was ist zu beachten?

Auf Verlangen haben Reisende, die aus der Bundesrepublik Deutschland in einen Mitgliedsstaat der Europäischen Union (EU) ausreisen oder aus einem Mitgliedsstaat der EU in die Bundesrepublik eingereist sind, mitgeführtes Bargeld und gleichgestellte Zahlungsmittel im Gesamtwert von 10.000 € oder mehr mündlich anzuzeigen (§ 12 a Abs. 2 Zollverwaltungsgesetz). Die Anzeigepflicht auf Verlangen gilt auch bei der Durchreise.

Bedienstete des Zolls, der Bundespolizei und der Länderpolizeien Bayerns, Bremens und Hamburgs sind befugt, die Anzeige mitgeführter Zahlungsmittel zu fordern (§ 1 Abs. 3b Zollverwaltungsgesetz) und die Richtigkeit der Anzeigen zu kontrollieren.

Kontrollen sind an jedem Ort in der Bundesrepublik Deutschland möglich.

Bei Nicht- oder Falschanzeige des mitgeführten Bargeldes und der gleichgestellten Zahlungsmittel droht eine empfindliche Geldbuße.

Was soll mit einer Anzeigepflicht im innergemeinschaftlichen Verkehr erreicht werden?

Ziel der Bargeldkontrollen und damit zusammenhängenden Anzeigepflicht im innergemeinschaftlichen Verkehr ist es, Gewinne aus Straftaten und Geldbewegungen aus illegalen Quellen aufzuspüren und das Einfließen dieser Finanzmittel in den Wirtschaftskreislauf zu verhindern (Verhinderung und Verfolgung der Geldwäsche).

Darüber hinaus sollen Personen, die in Kontakt mit terroristischen Vereinigungen stehen und hohe Geldbeträge mit sich führen, identifiziert und das von ihnen mitgeführte Geld sichergestellt werden. Damit soll die grenzüberschreitende Finanzierung des Terrorismus unterbunden werden.

Die Pflicht zur Anzeige und die Kontrollen der befugten Behörden bedeuten keine Einschränkung des freien Kapitalverkehrs. Bargeld und gleichgestellte Zahlungsmittel dürfen in unbeschränkter Höhe genehmigungsfrei mitgeführt werden.

So kommen Sie Ihrer Anzeigepflicht nach:

Was sind Bargeld und gleichgestellte Zahlungsmittel, die auf Verlangen angezeigt werden müssen?

Zahlungsmittel sind Bargeld (Banknoten und Münzen), Wertpapiere (wie Aktien, Schuldverschreibungen, Schecks auch Reisescheck, Zahlungsanweisungen, Wechsel, auch Solawechsel, und fällige Zinsscheine), Edelmetalle und Edelsteine.

Wie erfolgt die Anzeige, welche Angaben sind zu machen?

Die befugten Beamtinnen und Beamte fordern Sie auf, mitgeführtes Bargeld und gleichgestellte Zahlungsmittel im Wert von 10.000 € oder mehr anzuzeigen. Die Anzeige erfolgt mündlich.

Wenn Sie Zahlungsmittel anzeigen, werden Sie aufgefordert, Angaben zu Art, Zahl und Wert der Zahlungsmittel sowie zu der Herkunft, dem wirtschaftlich Berechtigten und dem Verwendungszweck zu machen. Falls Sie Zweifel haben, ob die von Ihnen mitgeführten Zahlungsmittel anzeigepflichtig sind oder sonstige Unklarheiten bestehen, erkundigen Sie sich in Ihrem eigenen Interesse bei der Kontrollperson. Die Folgen unrichtiger oder unvollständiger Angaben können erheblich sein.

Was geschieht, wenn Sie alle notwendigen Angaben gemacht haben?

Sind die Angaben vollständig und schlüssig und liegen keine Anhaltspunkte für Geldwäsche oder die Finanzierung des Terrorismus vor, können Sie Ihre Reise ungehindert mit Ihrem Geld fortsetzen.

Was passiert, wenn Anhaltspunkte für Geldwäsche oder für die Finanzierung einer terroristischen Vereinigung vorliegen?

Bei Zweifeln an den Angaben des/der Reisenden oder bei anderen Hinweisen auf Geldwäsche oder der Finanzierung einer terroristischen Vereinigung werden die mitgeführten Zahlungsmittel in zollamtliche Verwahrung genommen und der Sachverhalt aufgeklärt.

Mit welchen Folgen müssen Reisende rechnen, die falsche, unvollständige oder keine Angaben zu mitgeführten Zahlungsmitteln machen?

Werden mitgeführte Zahlungsmittel nicht oder falsch angemeldet, wird eine Ordnungswidrigkeit nach § 31 a Zollverwaltungsgesetz begangen, die mit einer Geldbuße bis zu einer Million € geahndet werden kann.

An wen kann ich mich wenden, wenn ich noch offene Fragen habe?

Sie können sich bei offenen Fragen zur Anmeldepflicht von Barmitteln an jede Dienststelle der Zollverwaltung wenden.

Als zentrale Auskunftsstelle der Zollverwaltung beantwortet Ihnen gerne das

Zoll-Infocenter Offenbach am Main
Friedrichsring 35
63039 Offenbach am Main
E-Mail: info@zoll-infocenter.de
Telefon: 069 469976-00
Telefax: 069 469976-99

Ihre Fragen zu allen Tätigkeitsfeldern der Zollverwaltung

Anhang 3

Merkblatt zu Bargeldkontrollen

Aufgabe des Zolls

Seit Juni 1998 werden Kontrollen des grenzüberschreitenden Bargeldverkehrs durchgeführt, um Gewinne aus schweren Straftaten aufzuspüren. Durch diese Maßnahme soll die organisierte Kriminalität wirkungsvoller bekämpft werden.

Was ist zu beachten?

Der Reisende muss auf Verlangen des Zollbeamten oder der Beamten der Bundespolizei und Länderpolizeien Bremen und Hamburg mitgeführte Zahlungsmittel ab 15.000 € anzeigen.

Was sind Zahlungsmittel?

Neben Bargeld auch Wertpapiere (wie Anleihen, Gewinnanteilscheine, Investmentzertifikate, Schecks und Wechsel), Edelmetalle und Edelsteine, also dem Bargeld ähnliche Wertsachen.

Wo finden die Bargeldkontrollen statt?

Kontrollen sind an jedem Ort in der Bundesrepublik Deutschland möglich. Vor allem werden diese jedoch an Grenzübergangsstellen stattfinden, z. B. an einem Autobahnübergang zur Schweiz, aber auch an der Grenze nach Frankreich, an Flug- oder Seehäfen oder auf Bahnhöfen mit internationalem Zugverkehr.

Was muss der Reisende genau angeben?

Er muss angeben, welchen genauen Betrag er mit sich führt und erklären, woher das Geld stammt und wofür es verwendet werden soll. Wenn es nicht sein eigenes Geld ist, muss er angeben, für wen er es transportiert (wirtschaftlich Berechtigter).

Was soll damit erreicht werden?

Bisher konnte nach dem Geldwäschegesetz durch die Meldeverpflichtungen der Banken erreicht werden, dass das Waschen von illegalen Gewinnen aus schweren Straftaten durch Bareinzahlung bei den Banken erschwert wurde. Deshalb haben die Geldwäscher vermehrt zur Verschleierung ihrer illegalen Aktivitäten Gelder ins Ausland gebracht. Dies soll nunmehr möglichst verhindert werden.

Ist eine solche Maßnahme nur in Deutschland sinnvoll?

Nein. Der Kampf gegen Geldwäsche und organisierte Kriminalität erfordert international abgestimmte Maßnahmen. Deshalb wird die Bargeldkontrolle von internationalen Gremien empfohlen und in verschiedenen Ländern, wie in unserem Nachbarland Frankreich, durchgeführt. Dort muss der Reisende das Mitführen von Bargeld sogar von sich aus anmelden.

Was geschieht, wenn der Reisende alle notwendigen Angaben gemacht hat?

Wenn die Angaben schlüssig und vollständig sind und keine Anhaltspunkte für eine Geldwäsche vorliegen, kann der Reisende ungehindert mit seinem Geld seine Reise fortsetzen.

Was passiert, wenn Anhaltspunkte für Geldwäsche vorliegen?

Zweifel an den Angaben des Reisenden oder andere Hinweise auf eine mögliche Geldwäsche kann der Kontrollbeamte vor Ort nicht klären. Er gibt den Fall an die Zollfahndung ab, die durch weitere Recherchen den Fall näher aufklären soll (sog. Clearing).

Das mitgeführte Geld wird in zollamtliche Verwahrung genommen, wenn sich die Sache nicht kurzfristig klären lässt. Sollte sich ein Verdacht der Geldwäsche ergeben, wird ein Ermittlungsverfahren eingeleitet.

Was passiert, wenn beim „Clearing" zwar der Verdacht der Geldwäsche ausscheidet, aber Anhaltspunkte für andere Straftaten vorliegen?

Der eigentliche Straftatbestand der Geldwäsche ist nur erfüllt, wenn die Gelder aus bestimmten schweren Straftaten wie Verbrechen oder anderen Straftaten stammen, die typisch sind für organisierte Kriminalität. Jedoch sind die Fahndungsbeamten gesetzlich verpflichtet, auch Informationen, die für andere Straftaten (auch einfache Steuerhinterziehung) sprechen, an die zuständigen Staatsanwaltschaften weiterzugeben.

Was sind die Rechtsgrundlagen dafür?

Die Rechtsgrundlagen der Bargeldkontrollen sind die §§ 1 Abs. 3a bis 3c und 12a bis 12c Zollverwaltungsgesetz. Die Bußgeldvorschriften sind in § 31 a Zollverwaltungsgesetz aufgeführt.

Mit welchen Folgen muss der Reisende rechnen, der falsche oder keine Angaben zu seinem mitgeführten Bargeld macht?

Gerade weil der Gesetzgeber auf eine Deklarationspflicht verzichtet hat, sind bei Nicht- bzw. Falschanzeige nach Aufforderung beträchtliche Geldbußen vorgesehen. In besonders schweren Fällen, z. B. bei einem Verbergen des Bargeldes am Körper, in der Kleidung oder im Fahrzeug, kann ein Bußgeld verhängt werden, das bis zu 100 % des mitgeführten Geldes beträgt.

(Quelle: Zoll online)

Anhang 4

Fahndungsrisiken bei Safes im In- und Ausland

Im Zuge der Bankenfahndungen werden auch die Dateien über Safe-Mieter und deren Bevollmächtigte überprüft, teilweise sogar kopiert. Aufgrund der Abgabenordnung müssen Banken auch die Daten solcher Personen in gesonderten Dateien speichern, die von Safe-Mietern als Bevollmächtigte angegeben werden. Es ist daher riskant, Safes offiziell von Anderen, ob Familienmitgliedern oder Freunden, anmieten zu lassen und sich hierfür eine der üblichen Vollmachten einräumen zu lassen oder einzuräumen. Hinzu kommt: Gibt es Streit mit dem offiziellen Mieter des Safes, kann dieser erteilte Vollmachten jederzeit mit sofortiger Wirkung gegenüber der Bank schriftlich widerrufen. Außerdem kann man unversehens auch über den „beauftragten" Safe-Mieter ins Schussfeld der Steuerfahndung geraten. Etwa wenn gegen diesen, vielleicht auch grundlos, ermittelt werden sollte oder er in eine Zufallsfahndung gerät.

Wenn Ehegatten als gemeinsame Safe-Mieter auftreten, führt nach den üblichen Safe-Bedingungen der deutschen Banken bereits der Widerruf durch einen der Ehegatten zum Erlöschen der erteilten Vollmachten. Dies könnte bei Scheidungsauseinandersetzungen riskant für den Bevollmächtigten werden, der im Safe eigene Wertsachen untergebracht hat.

Safe-Vollmachten erlöschen nicht mit dem Tod des offiziellen Safe-Mieters. Sie bleiben innerhalb des deutschen Rechtskreises nach den AGB der meisten deutschen Banken als Vollmacht für dessen Erben bestehen. Selbst hieraus können sich bei familiärer Beziehung zwischen Safe-Mieter und Bevollmächtigten Risiken für den eigentlichen Inhaber ergeben. Beispielsweise durch neugierige Rückfragen einer in sich zerstrittenen Erbengemeinschaft über etwaige Safe-Entnahmen.

Bei Safes im Ausland gibt es teilweise erhebliche Unterschiede. So haben ausländische Banken in einigen Nachbarländern (beispielsweise der Schweiz) Safe-Bedingungen, bei denen – anders als in Deutschland – die Vollmacht mit dem Tod des offiziellen Mieters erlischt! Konsequenz: Bekommt die den Safe vermietende Bank irgendwelche Informationen oder Anhaltspunkte über den Tod des offiziellen Safe-Mieters, kann der Bevollmächtigte nur noch unter Vorlage eines deutschen – beglaubigten – Erbscheins über den Safe-Inhalt verfügen! Die Erteilung des Erbscheins kann lange dauern.

Bekommt die Bank vom Tod des ausländischen Safe-Mieters hingegen nichts mit, so kann der Bevollmächtigte auch nach dem Tod des Safe-Mieters, wenn er ihn nicht der Bank offenbart, weiterhin über den Inhalt des Safes verfügen. Er muss sich jedoch möglicherweise später mit ihm unbekannten Erbengemeinschaften des verstorbenen „offiziellen" Safe-Mieters auseinandersetzen.

Zu den mit Safe-Vollmachten verbundenen Risiken gehört, dass der tatsächliche Safe-Inhaber einen im Ausland gelegenen Safe arglos für sich behält und im Fall einer schweren Krankheit oder eines Unfalls an den Safe-Inhalt herankommen will oder muss, um „stille Reserven" zu nutzen. Zutrittsberechtigt ist in Österreich, wer den Safe-Schlüssel besitzt und das korrekte Losungswort kennt. Mehr ist nicht erforderlich.

In der Schweiz dagegen wird bei Betreten der Tresorräume eine Zugangslegitimation verlangt. Die Identitätskontrolle richtet sich nach dem Ermessen der Bank. Jeder Zugang zum Tresor wird in der EDV des Instituts erfasst.

Jedes Schrankfach steht unter dem eigenen Verschluss des Mieters und dem Mitverschluss der Bank. Es kann nur gemeinsam geöffnet und geschlossen werden. Beim Tod des Safe-Inhabers kann, wenn dieser keine Vollmachten erteilt und auch den Familienmitgliedern sicherheitshalber nichts über den Safe mitgeteilt hat, der Safe-Inhalt jahrzehntelang in Verschollenheit geraten. Zumindest, solange das Bankguthaben des bisherigen Safe-Mieters bei der entsprechenden Bank noch für die Safe-Gebühren ausreicht.

Wer am Wohnort einen Safe mietet, um dort „sensible" Unterlagen zu verwahren, sollte wissen: Die Steuerfahndung überprüft vor Fahndungsaktionen gegen einzelne Beschuldigte routinemäßig bei den örtlichen Banken, ob dort Safes für die ins Visier der Fahnder genommenen Personen eröffnet wurden oder ob diese Personen für irgendwelche Safes Vollmacht haben. Im Entdeckungsfall werden die Safes versiegelt. Der Inhalt kann meist nur noch nach der Steuerfahndung unter Aufsicht des Fiskus entnommen werden, wenn er nicht schon vorher gepfändet worden ist.

Wird anlässlich von Fahndungsmaßnahmen bei Einzelpersonen kein Safe-Schlüssel gefunden und besteht auch am Wohnort der Betroffenen kein Safe, ist es für die Fahnder schwieriger, auf Safes bei Banken in weiter entfernten Orten zu kommen. Es sei denn, es handelt sich dabei um eine Filiale der Bank, mit der der Verdächtigte üblicherweise zusammenarbeitet. Denn:

In der Zentrale der Banken sind nicht nur diejenigen Safes in Dateien gespeichert, die sich in diesem Gebäude befinden, sondern meist auch sämtliche Safe-Inhaber aller anderen Filialen dieser Bank. Wer dieser im EDV-Zeitalter durch zentrale Dateien entstandenen Datensammlung entgehen will, darf bei der eigenen Bank und im eigenen Landkreis keinen Safe unterhalten.

Wer glaubt, im Inland mit Safes außerhalb seines Landkreises, eventuell sogar in einem anderen (benachbarten) Bundesland, halbwegs sicher zu sein, kann noch immer durch Zufallsfunde aufgrund von Steuerfahndungsmaßnahmen gegen andere Safe-Mieter ins Blickfeld der Steuerfahndung geraten, wenn diese sämtliche Safes einer Bankfiliale überprüft. Denn es ist nicht zu verhindern, dass die dabei aufgefundenen Dateien von den Steuerfahndern kopiert und anschließend in Ruhe über die betroffenen Wohnsitzfinanzämter ausgewertet werden.

Die Lagerung sensibler Unterlagen oder Wertsachen in ausländischen Safes ist in Jungholz oder im Kleinen Walsertal besonders riskant. Hier könnte die deutsche Steuerfahndung auch künftig versuchen, sämtliche deutschen Fahrzeuge, die in der Nähe dieser Banken parken, zu erfassen, um deren Halter in zentralen Dateien zu speichern. Denn es ist längst zur Steuerfahndung vorgedrungen, dass viele, besonders südwestdeutsche, steuerscheue Anleger seit den bundesweiten Werbeaktionen dieser Banken in den 80er Jahren größere Depots bei den in den Steuerexklaven ansässigen österreichischen Banken unterhalten.

Wer heute dorthin fährt und seinen Safe-Schlüssel mit sich führt, läuft bei den verstärkten Schleierfahndungen im Umkreis von bis zu 30 Kilometern Gefahr, dass mitgeführte Safe-Schlüssel oder Bankbelege anlässlich von Personen- und Pkw-Durchsuchungen aufgefunden werden. Wer den Safe-Schlüssel bei sich zu Hause und nicht bei Dritten verwahrt, riskiert die Entdeckung des Schlüssels und damit des Safes auch im Ausland. Das ist selbst Bankvorständen anlässlich von Fahndungen bei deutschen Großbanken passiert. Als sichere Safe-Standorte im Ausland gelten selbstständige kleine Banken oder Sparkassen außerhalb der Fremdenverkehrsgebiete. Dort sind nicht nur die Safe-Gebühren wesentlich günstiger. Auch die Wahrscheinlichkeit, in einer solchen Bank zufällig auf einen anderen Bundesbürger zu treffen, ist gering.

Bei vielen ausländischen Banken können Safe-Schlüssel hinterlegt werden. Diese Art der Schlüsselverwahrung und das Safe-Kennwort schützen vor Entdeckung des Safes durch Zufallsfunde. Es stellt hingegen nicht nur für den Safe-Inhaber, sondern vor allem für seine Erben ein Risiko dar, wenn diese den Safe, geschweige denn Kennwort und Verwahrungsort des Safe-Schlüssels nicht kennen.

Anhang 5

Verhalten bei Hausdurchsuchungen

Jedes Jahr kommt es in Deutschland zu ca. 15.000 Durchsuchungs-Aktionen der Steuerfahndung. Sie erfolgen immer ohne Vorankündigung und werden meist am frühen Morgen durchgeführt. Manchmal sogar schon in Bagatellsachen wie Zinsdelikten oder beim Verdacht falscher Spendenbescheinigungen. Das Ziel ist es, Betroffene zu überrumpeln und verfängliche Unterlagen zu finden, die den Verdacht einer Steuerhinterziehung erhärten können.

Solche Durchsuchungen stützen sich häufig nur auf Indizien. Es ist deshalb durchaus möglich, dass selbst völlig unschuldige Bürger überraschend Besuch von der Steuerfahndung bekommen. Dabei werden Betrieb/Büro und Wohnung/Zweitwohnung sowie Haus/Wochenendhaus zeitgleich von den Fahndern aufgesucht.

Für den Fall der Fälle diese Tipps:

- Kommt es zu einer Steuerfahndung, sollten Betroffene versuchen, einen klaren Kopf zu behalten. Lassen Sie sich nicht zu irgendwelchen Äußerungen provozieren und auf keinen Fall in Diskussionen verwickeln. Denn: Stehen die Fahnder vor der Tür, heißt das: Es ist ein Steuerstrafverfahren eröffnet.

- Lassen Sie sich das Original des Durchsuchungsbeschlusses aushändigen und über das Ziel der Durchsuchung informieren. Ein richterlicher Durchsuchungsbeschluss ist nicht erforderlich, wenn lediglich in Geschäftspapieren gesucht wird, zu deren Aufbewahrung Sie verpflichtet sind. Deshalb wichtig: Geschäftliche und private Unterlagen sollten Sie immer getrennt aufbewahren.

- Da man Ihnen nicht verbieten darf zu telefonieren, sollten Sie schnellstmöglich Ihren Anwalt und/oder Steuerberater zu erreichen versuchen. Dieser sollte nach Möglichkeit sofort vorbeikommen und während der Durchsuchung anwesend sein.

- Geben Sie keine Stellungnahmen zu Steuerfragen oder zu einem Strafvorwurf ab. Berufen Sie sich stattdessen auf Ihr Aussageverweigerungsrecht.

Das sollten auch Angehörige und Mitarbeiter tun. Weder der Beschuldigte noch andere Personen sind verpflichtet, bei der Durchsuchung anwesend zu bleiben. Sie können Mitarbeiter also auch nach Hause schicken.

- Sie können sich bei einer Durchsuchung völlig passiv verhalten. Wo das Risiko von Zufallsfunden befürchtet wird, empfiehlt es sich, die im Durchsuchungsbefehl aufgeführten Unterlagen den Fahndern unverzüglich und vollständig zusammenzustellen. Lassen Sie diese Unterlagen, falls so vom Einsatzleiter gewünscht, beschlagnahmen.

- Prüfen Sie das Protokoll über die beschlagnahmten Unterlagen auf Richtigkeit und Vollständigkeit. Unterschreiben Sie das Durchsuchungsprotokoll erst, wenn vermerkt ist, dass die Herausgabe „zum Zweck der Beschlagnahme" erfolgt.

- Wer versucht, Unterlagen noch schnell zu vernichten oder verschwinden zu lassen, riskiert, wegen Widerstands gegen die Staatsgewalt angezeigt zu werden. Es besteht sogar die Gefahr der vorläufigen Festnahme. Schränke und Safes sind auf Verlangen von Vermittlungsbeamten zu öffnen. Auch wenn sie Unterlagen enthalten, die vom Durchsuchungsbeschluss nicht erfasst sind.

- Soweit Unterlagen mitgenommen werden, die durch den Durchsuchungsbeschluss nicht erfasst sind, sollten Sie auf Verpackung und Versiegelung bestehen. Denn: Es ist Sache der Richter, über die Auswertbarkeit dieser Materialien zu entscheiden.

- Alle Unterlagen, die die Beamten mitnehmen, sollten nach Möglichkeit komplett kopiert werden. Insbesondere, wenn es sich um Papiere/Akten handelt, die Sie zur Arbeit benötigen.

Portrait Dr. Erhard Liemen

Dr. Erhard Liemen

geboren: 1950 in Teutleben bei Gotha

Chefredakteur von:

„Dr. Liemen Depot-Brief"
„Der Deutsche Wirtschaftsbrief"
„Bankkunden – vertraulich"

Herausgeber von:

„Der Neue Deutsche Geldanlagebrief"

Dr. Erhard Liemen ist seit vielen Jahren Chefredakteur verschiedener, international renommierter Informationsdienste. Seit 1996 betreut er den *Deutschen Wirtschaftsbrief,* der sich inzwischen eine Spitzenposition am Markt der Informationsdienste erarbeitet hat. Der Schwerpunkt von Dr. Liemen liegt in der wirtschaftspolitischen Beratung von selbstständigen Unternehmern und Kapitalanlegern.

Der verheiratete Volljurist und Vater von vier Söhnen promovierte mit einer bemerkenswerten Arbeit über das internationale Vertragsrecht. Das Angebot einer akademischen Karriere schlug er dennoch aus, um sich ohne jegliche berufsrechtliche Einschränkung seiner Leidenschaft zu widmen: Der publizistischen Beratung des Mittelstands.

Dr. Erhard Liemen hat sich zur Aufgabe gemacht, seinen Lesern immer auf den Punkt genau das zu berichten, was sie wirklich angeht. Selbst komplizierte Sachverhalte kann er in wenigen Worten schnell, verständlich und nachvollziehbar darstellen. Das bedeutet für seine Leser hohen Zeitgewinn und die Sicherheit, alles Wichtige über ihre Vermögensanlage zu wissen.

Hier finden Sie Dr. Liemen im Internet

Ihre Internet-Seite für den *Deutschen Wirtschaftsbrief:*

www.deutscher-wirtschaftsbrief de

… und weitere Seiten von Chefredakteur Dr. Erhard Liemen:

www.depot-brief.de

www.bankkunden-vertraulich.de

April 2011

Das Kartell der Vermögens-Vernichter

Retten Sie Ihr Geld vor der Politik, den Banken und dem grauen Kapitalmarkt

Was Entscheidungen in Wirtschaft und Politik für Sie, Ihr Vermögen, Ihr Unternehmen bedeuten

NEUAUFLAGE 2010

Dr. Erhard Liemen
Chefredakteur
Der Deutsche Wirtschaftsbrief

Impressum

Bibliografische Information der Deutschen Bibliothek
Die Deutsche Bibliothek verzeichnet diese Publikation in der Deutschen Nationalbibliografie; detaillierte bibliografische Daten sind im Internet über http://dnb.ddb.de abrufbar.

ISBN 978-3-8125-0682-3
3., überarbeitete Auflage 2010

Herausgeber: Hans Joachim Oberhettinger
Autor: Dr. Erhard Liemen, Chefredakteur *Der Deutsche Wirtschaftsbrief* (v.i.S.d.P.)
Redaktionsassistenz: Birgit Grajetzky
Produktmanagement: Sabine Rehwinkel

Theodor-Heuss-Straße 2/4
53177 Bonn
Telefon: +49 228 8205-0
Telefax: +49 228 3696010
E-Mail: info@gevestor.de
Internet: www.gevestor.de

GeVestor ist ein Unternehmensbereich der
Verlag für die Deutsche Wirtschaft AG
USt-ID: DE 812639372
Amtsgericht Bonn, HRB 8165
Vorstand: Helmut Graf
Verlagsleiter: Hans Joachim Oberhettinger

Haftungsausschluss: